L.-J. MORIÉ

Bourbons & Orléans

Princes d'Orléans,
Bourbons d'Espagne, de Naples et de Parme;
Histoire; Généalogie; Pavillons;
Armoiries et Ordres de Chevalerie; Anecdotes, etc.

Prix : 2 francs

PARIS
LIBRAIRIE A. CHARLES
8, rue Monsieur-le-Prince, 8

Janvier 1898

Tous droits réservés

BOURBONS & ORLÉANS

Imprimerie PAUL DUPONT, 4, rue du Bouloi (Cl.) 00.2.98.

Bourbons & Orléans

Princes d'Orléans,
Bourbons d'Espagne, de Naples et de Parme ;
Histoire ; Généalogie ; Pavillons ;
Armoiries et Ordres de Chevalerie ; Anecdotes, etc.

par

L.-J. MORIÉ

Auteur de l' " *Histoire de l'Ethiopie* "

PARIS
LIBRAIRIE A. CHARLES
8, RUE MONSIEUR-LE-PRINCE, 8
—
Janvier 1898

Tous droits réservés

PRÉFACE

Des notes, extraites d'ouvrages connus, et surtout des articles ou fragments de journaux, pièces offrant, par conséquent, toutes garanties d'authenticité et collectionnées au jour le jour pendant plus de dix ans, m'ont permis de grouper ici une généalogie détaillée et complète de la famille d'Orléans et des Bourbons d'Anjou, et des aperçus historiques sur les Bourbons en général, les anciens dauphins, les rois de Navarre, etc.

Beaucoup de monarchistes ne connaissent pas exactement, j'en suis certain, la filiation complète de leurs princes, à plus forte raison les Français qui ne sont pas de ce parti, et j'ai pensé être utile aux premiers, intéressant, peut-être, pour mes autres compatriotes, en écrivant cet ouvrage historique, annexe et complément de notre belle Histoire française.

L'Auteur.

BOURBONS ET ORLÉANS

ORIGINES ET APERÇU HISTORIQUE
de la
Maison de Bourbon.

La Maison royale de Bourbon remonte à Robert de France, comte de Clermont, sixième et plus jeune fils du roi Saint-Louis et de Marguerite de Provence (1256-1318), lequel épousa, en 1272 (1283 selon d'autres), Béatrix de Bourgogne, dernière héritière des sires de Bourbon, fille unique de Jean III de Bourgogne, fils du duc Hugues IV et d'Agnès, dame de Bourbon, fille d'Archambault[1] II, dernier sire de Bourbon-Dampierre, et héritière de cette importante seigneurie.

Le premier sire de Bourbon dont il soit parlé dans l'histoire est Aymar (912), qui habita d'abord Bourbon-l'Archambault et bâtit ensuite Moulins; viennent ensuite Archambault Ier et Aymon (1117). En 1218, leur dernière héritière épousa Guy de Dampierre, dont la lignée se continua jusqu'à Béatrix de Bourgogne, laquelle épousa Robert de Clermont.

---

1. Lat. *Archembaldus*, teut. *Erkinoald, Erkinebald*.

Le Bourbonnais fut érigé en duché-pairie pa Charles IV, selon les uns, par Philippe VI, selon les autres (1327 ou 1329) en faveur de Louis Ier de Clermont, fils de Robert et comte ou baron de Bourbon. Louis Ier, duc de Bourbon, laissa deux fils : Pierre, duc de Bourbon, et Jacques, comte de Vendôme. C'est de ce dernier que descend la famille royale. La branche aînée, issue de Pierre de Bourbon, a fourni quatre ducs célèbres sous Charles V, Charles VI, Charles VII et Louis XI, et tous les autres princes de Bourbon de la branche aînée, jusqu'au fameux connétable de Bourbon, Charles de Montpensier, descendu du comte de Montpensier, troisième fils du duc Louis II et frère du duc Charles Ier, mort devant Rome, le 6 mai 1527.

Cette branche s'est éteinte, en 1546, en la personne de François de Bourbon-Montpensier, comte d'Enghien, fils du connétable.

De la branche cadette, descendant de Jacques de Vendôme, sont issus : François, comte de Vendôme, Charles de Bourbon, créé duc de Vendôme par François Ier; son fils; et Antoine, fils de Charles, qui devint roi de Navarre par son mariage avec la reine Jeanne d'Albret, fille d'Henri d'Albret, roi de cet État. Antoine de Bourbon est le père de Henri IV, tige des rois de France jusqu'à Louis-Philippe Ier.

La branche cadette de Vendôme, unique depuis 1546, s'était peu à peu divisée en nombreux rameaux. Sous Henri IV, Louis XIII, Louis XIV, sept branches s'étaient formées successivement; 1° Royale; 2° Montpensier; 3° Condé; 4° Soissons; 5° Orléans;

6° Conti et 7° Espagnole ou Anjou. Cinq se sont successivement éteintes.

Celle de Montpensier, issue de François de Bourbon, comte de Saint-Pol, second fils de François, comte de Vendôme, et grand-oncle de Henri IV, sous Louis XIII, en la personne du prince de Dombes, fils du dernier duc de Montpensier, dont la fille unique, Marie de Bourbon, épousa Gaston d'Orléans, frère de Louis XIII. (Il ne faut pas confondre cette seconde branche de Montpensier, avec celle à laquelle appartenait le connétable.)

Celle de Soissons, issue de Charles de Bourbon-Condé, comte de Soissons, fils cadet de Louis Ier, prince de Condé, en 1641, en la personne de Louis, comte de Soissons.

Celle de Conti, issue d'Armand de Bourbon-Condé, prince de Conti, fils cadet de Henri II, prince de Condé, en 1814, en la personne de Louis-François-Joseph, prince de Conti.

Celle de Condé, issue de Louis Ier, prince de Condé, frère d'Antoine de Bourbon, roi de Navarre, et oncle de Henri IV, en 1830, en la personne de Louis-Henri-Joseph de Bourbon, prince de Condé, duc de Bourbon, duc d'Enghien; prince de Conti, prince de la Roche-sur-Yon, comte de la Marche; comte de Charolais, comte de Clermont, comte de Soissons, comte de Sancerre, duc de Seurre et baron de Gex; dont le fils unique, Louis-Antoine-Henri, duc d'Enghien, né en 1772, avait été fusillé le 21 mars 1804.

Enfin, la branche royale s'est éteinte à son tour, en la personne de Henri de France, duc de Bordeaux, comte de Chambord (Henri V), petit-fils de Charles X, mort le 24 août 1883.

Les Courtenays

Les Courtenays descendaient de Pierre de France, septième fils de Louis VI, lequel, en épousant Elisábeth, fille de Renaud, sire de Courtenay, prit le nom de la terre de sa femme, et auraient eu droit au trône, au cas d'extinction complète des mâles de la maison de Bourbon. Cependant, ces princes qui, ayant pris le nom et les armes de Courtenay, ne s'étaient jamais alliés à la famille royale, ne furent reconnus comme princes du sang que sous Louis XIII, où le cardinal Mazarin leur rendit enfin le rang auquel ils avaient droit.

Cette branche, après avoir fourni autrefois des empereurs de Constantinople, des comtes d'Edesse, de Nevers, d'Auxerre, des marquis de Namur, et des princes de Tibériade, s'est éteinte au milieu du xviiie siècle, époque où la dernière héritière du nom épousa le prince de Bauffremont.

Le prince actuel de Bauffremont-Courtenay a épousé Mlle d'Aubusson de la Feuillade. Leur fils, le prince Marie-François d'Assise de Bauffremont-

Courtenay, duc d'Astrico, né en 1868, est mort à Paris, le 3 avril 1890.

Les Courtenays portaient : *D'or à trois tourteaux de gueules, posés 2 et 1.*

Armoiries des Bourbons

Les armes de la maison de Bourbon, depuis le règne de Philippe III, jusqu'à la mort de Henri III furent *d'azur à trois fleurs de lys d'or posées 2 et 1, à la bande de gueules brochant sur le tout.* Il y eut quelques changements passagers à ces armes. Un duc de Bourbon, Louis II ou Jean 1er, y ajouta un chardon ; le connétable, une épée portant le mot latin *Penetrabit* (Elle entrera).

Depuis la mort de Henri III et l'avènement de Henri IV, les Bourbons ont pris les armes pleines de France, qui avaient été, avant eux, celles des branches ainées, Capétiens et Valois, *d'azur à trois fleurs de lys d'or, posées 2 et 1*, et qui remontent aux premiers Capétiens. Les fleurs de lys, d'abord en nombre illimité, avaient été réduites à trois par Charles V.

Les armes de la branche de Condé étaient : *d'azur aux trois fleurs de lys d'or, accompagnées, en abîme, d'une billette de gueules, posée en bande.*

Celles de la branche de Montpensier étaient *d'azur aux trois fleurs de lys d'or, à la bande de gueules, componée en chef, d'or au dauphin recourbé d'azur, crêté, barbé et oreillé de gueules, brochant sur le tout.*

Celles de la branche d'Orléans, jusqu'à la mort du comte de Chambord, furent *d'azur à trois fleurs de lys d'or, brisées en chef d'un lambel à trois pendants d'argent.*

Le roi Louis-Philippe porta ces dernières armes, parties *d'azur aux tables de la Charte d'or*, emblème de la monarchie constitutionnelle.

Les armes de la branche de Vendôme étaient *d'azur aux trois fleurs de lys d'or, à la bande de gueules chargée de trois lions passant d'argent.*

Celles des Conti étaient *d'azur aux trois fleurs de lys d'or, accompagnées, en abîme, d'une billette de gueules posée en bande, à la bordure de gueules.*

Les princes d'Orléans étant devenus aujourd'hui, quoique appartenant à la branche cadette des Bourbons, légitimes héritiers du trône de France, ont pris, depuis 1883, les armes pleines, malgré les réclamations des princes espagnols de la branche aînée.

Enfin, la rose blanche a été choisie par Mme la comtesse de Paris, pour la fleur emblématique du parti royaliste [1].

---

1. Les Bonapartistes ont la violette; les révolutionnaires, l'immortelle rouge; le général Boulanger, prétendant d'un jour, avait choisi l'œillet rouge.

En Angleterre, les fleurs symboliques sont la rose, le chardon et le trèfle (Angleterre, Écosse, Irlande).

Le Drapeau blanc

L'ancien drapeau national français, sous la monarchie des Bourbons, était blanc, fleurdelysé d'or, et quelquefois chargé des armes, ou du monogramme du roi.

Le drapeau blanc, qui n'était plus celui de la France, est resté, obstinément, celui des Bourbons, jusqu'à la mort de Henri V, qui ne voulut jamais y renoncer, ce qui fut l'obstacle le plus grave au rétablissement, un moment si probable, de la monarchie (1873). Il est resté celui des Carlistes.

Le comte de Paris, reconnaissant à l'exemple de son aïeul Louis-Philippe, les faits accomplis, a reconnu nos glorieuses trois couleurs, comme le seul drapeau national de la France. Le coq qui surmonte la hampe, et l'écu d'azur timbré sur le blanc de l'étamine, distinguent seuls l'étendard royal de notre pavillon actuel.

Les fleurs de lys, emblème de la vertu et de tout ce qui est juste et légitime, se retrouvaient partout sur les insignes de l'ancienne monarchie, comme fleurons et en sommet sur la couronne fermée, en semis sur le manteau de velours bleu, et en haut du sceptre des rois. Les princes de la famille royale sommaient leurs armes d'une couronne ouverte, fleuronnée de 8 lys d'or.

Le fanion royal était, lui aussi, bleu aux trois fleurs de lys d'or.

L'origine des lys remonte, dit-on, au roi franc Marcomir II, qui régna de 440 à 412 av. J.-C., sur les tribus belges et rhénanes, et qui portait sur ses enseignes trois grenouilles vertes sur champ blanc, pour marquer la bonté de son territoire ; ces grenouilles seraient devenues les fleurs de lys actuelles, qui se prêtent assez bien, à la vérité, à cette transformation. Si l'on en croit les vieux auteurs, ce changement fut opéré dès le règne de Francus II, roi des Francs (37-9 av. J.-C.), qui portait une fleur de lys d'or sur ses étendards gros-bleu ; cependant, sous les Mérovingiens, on ne trouve aucune trace de fleur de lys sur la chape de saint Martin, également bleu foncé, qui servait alors de drapeau national.

Les Ordres de Chevalerie.

Les Bourbons continuèrent de conférer l'ordre militaire de Saint-Michel, fondé par Louis XI en 1469, et surtout celui du Saint-Esprit, institué par Henri III en 1578, et ne fondèrent qu'un seul ordre nouveau, celui de Saint-Louis, créé par Louis XIV en 1693, pour récompenser les services militaires. Ces ordres n'ont plus été conférés depuis 1830, et remplacés, sous les gouvernements qui se sont succédés en France, par l'ordre unique de la Légion d'Honneur, institué le 19 mai 1802, par le premier consul Bonaparte. Le duc de Nemours était le dernier survivant des chevaliers de l'Ordre du Saint-Esprit.

La croix de cet ordre, qui se portait au cou, suspendue à un large ruban bleu, ou à un collier formé alternativement de fleurs de lys et de monogrammes du roi, agrémentés de divers ornements, se composait d'une croix de Malte d'or, bordée d'une orle d'émail blanc, à huit pointes perlées d'or, avec quatre fleurs de lys d'or dans les interstices ; au centre, dans un cercle ou un losange d'or[1], la colombe du Saint-Esprit, en émail blanc, la tête en bas et les ailes étendues. Le ruban était bleu.

L'ordre de Saint-Michel se composait d'une large médaille ovale, qui porta d'abord saint Michel terrassant le dragon, puis ensuite le portrait du souverain, suspendue à un collier d'or, formé de coquilles de pèlerins, reliées par divers ornements, ou à une simple chaînette. La croix de cet ordre, semblable à la précédente, portait au centre un large ovale d'or, sur lequel était figuré, en relief, un Saint-Michel terrassant le dragon. Le ruban était noir.

Enfin, la croix de Saint-Louis, de la même forme que les précédentes, portait au centre un médaillon rond, de couleur rouge, portant l'image du roi saint Louis, cuirassé d'or, vêtu d'azur et d'hermine, et bordé d'un cercle d'azur sur lequel se détachait, en lettres d'or, l'inscription latine « *Lud. M. inst. 1693.* » (Louis le Grand institua — cet ordre — en 1693). Le ruban était rouge.

Quant à l'ordre de la Légion d'Honneur, il est trop connu de tous pour en placer ici la description.

---

1. Suivant les règnes.

GÉNÉALOGIE DES CAPÉTIENS ET DES BOURBONS

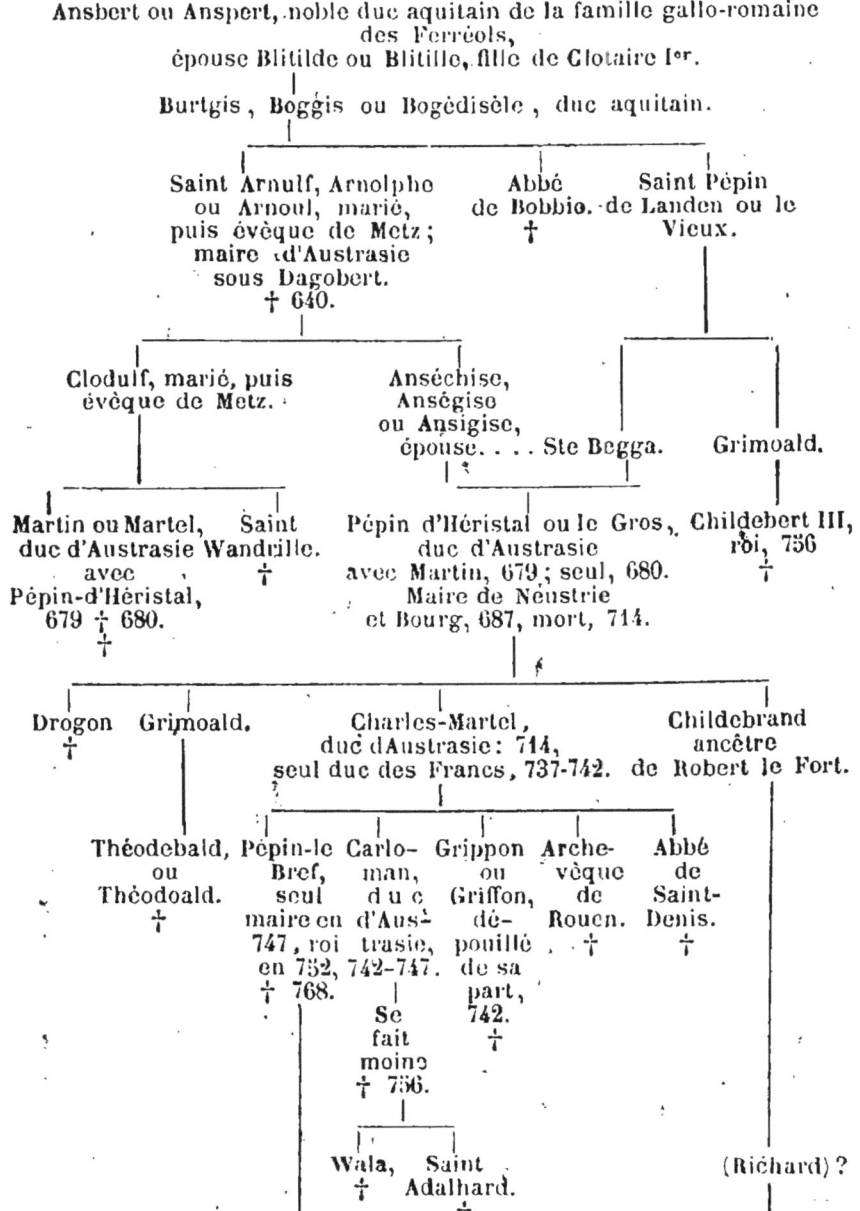

— 11 —

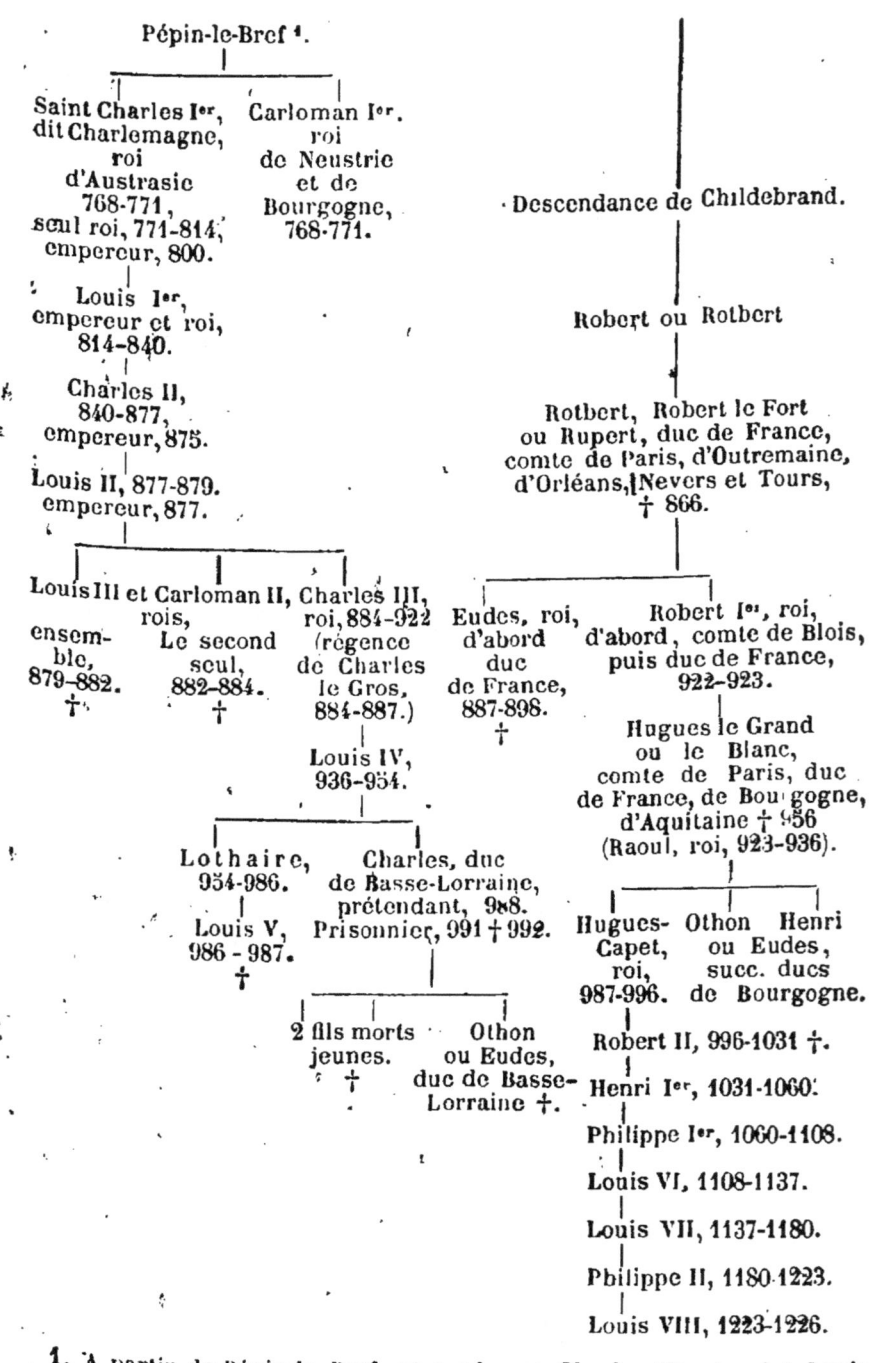

1. À partir de Pépin le Bref, et sauf pour Charles III et saint Louis les rois de France sont seuls mentionnés. Pour les rois, les dates sont celles d'avènement et de mort.
Le signe † signifie mort. Les enfants mâles sont seuls nommés

Louis VIII.
|
Saint Louis IX. 1226-1270.

Philippe III, 1270-1285.
Philippe IV, 1285-1314.
Louis X, 1314-1316.
Jean Ier, 1316.
Philippe V, 1317-1322.
Charles IV, 1322-1328.
Philippe VI, 1328-1350.
Jean II, 1350-1364.
Charles V, 1364-1380.
Charles VI, 1380-1422.
Charles VII, 1422-1461.
Louis XI, 1461-1483.
Charles VIII, 1483-1498.
Louis XII, 1498-1515.
François Ier, 1515-1547.
Henri II, 1547-1559.
François II, 1559-1560.
Charles IX, 1560-1574.
Henri III, 1574-1589.
†

Pierre, comte d'Alençon †.

Jean-Tristan, comte de Nevers. †

2 autres fils morts jeunes. †

Robert, comte de Clermont, 6e et dernier fils, épouse l'héritière de Bourbon, 1256-1318.

Louis Ier, duc de Bourbon, † 1346.

Pierre Ier, duc de Bourbon † 1356.

Louis II, duc de Bourbon, 1337-1410.

Charles Ier, duc, 1401-1456,

Jean, évêque du Puy, en 1446 †.

Louis Ier, comte de Montpensier.

Gilbert de Bourbon.

Jean Ier, duc † 1488. †

Pierre II, sire de Beaujeu puis duc 1439-1503.

Charles II, archevêque, comte de Lyon, cardinal 1434 ou 7-1488.
†

Louis, évêque de Liège. †

Suzanne de Beaujeu épouse le connétable.

N. de Bourbon. †

Charles III, duc de B[ourbon], connétable de France, 1489 ou 90-1527.

De ce mariage :
François de Bourbon, comte d'Enghien, † 1546,
†

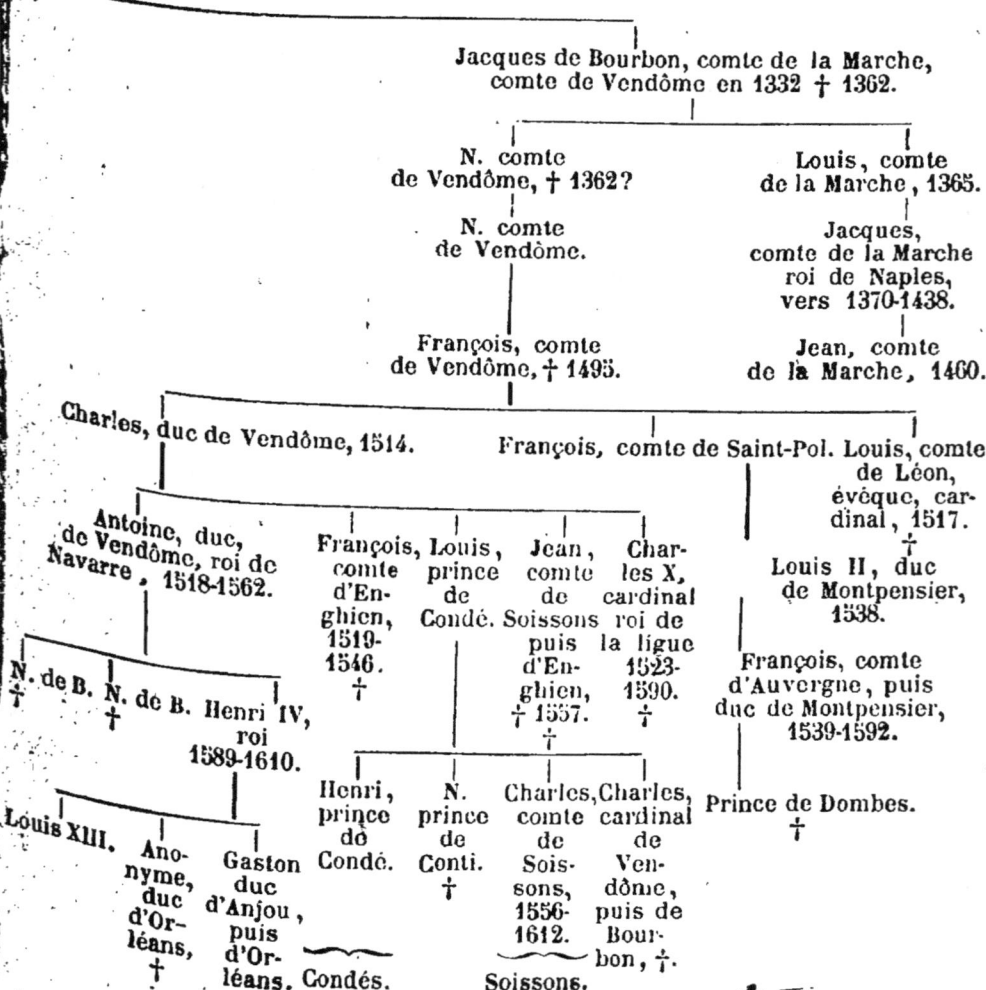

LES BOUR

Charles, duc de

Antoine, roi de Navarre, 1518-1562.

N. de Bourbon. †   N. de Bourbon. †   Henri IV 1589-1610.

Louis XIII, 1610-1643.   Anonyme [1], duc d'Orléans, 1607-1611. †   Gaston, duc d'Anjou, puis d'Orléans, 1608-1660. †

Louis XIV, le Grand, 1643-1715.

Fils naturels, désignés par Louis XIV, comme aptes à sa succession.

Louis, grand dauphin, 1661-1711.   Louis I, duc d'Anjou. †   Louis II, duc d'Anjou. †   Louis-Auguste, duc du Maine, prince de Dombes, 1670-1736.   Louis-Alexandre, comte de Toulouse, 1678-1736.

Louis, dauphin, duc de Bourgogne, 1682-1712.   Philippe V, duc d'Anjou, roi d'Espagne, 1683-1746.   Charles, duc de Berry, 1686-1714. †   Louis-Auguste, prince de Dombes. †   Louis-Charles, comte d'Eu, prince de Dombes, duc de Gisors. †   Louis-Jean, duc de Penthièvre, 1725-1793.

Louis, duc de Bretagne, 1705-1712. †   Louis XV, duc d'Anjou, 1715-1774.   Bourbons d'Espagne et d'Italie.   Louis-Alexandre, prince de Lamballe, † avant son père. †   4 autres enfants. †

Louis, dauphin, 1729-1765.

Louis, duc de Bourgogne, 1751-1761. †   Louis, duc d'Aquitaine, 1753-1754. †   Louis XVI, duc de Berry, 1774-1793.   Louis XVIII, comte de Provence, 1814-1824. †   Charles X, comte d'Artois, 1824-1830.

Louis, dauphin, 1781-1789. †   Louis XVII, Louis-Charles, duc de Normandie, 1793-1795. †   Louis, duc d'Angoulême, 1775-1844.   Charles, duc de Berry, 1778-1820.

Henri, duc de Bordeaux, comte de Chambord, 1820-1883. †

1. Ce prince, étant mort avant son baptême, ne reçut pas de nom.

BONS
Vendôme, 1514.
└── Louis Ier, prince de Condé, 1530-1569.
    ├── Charles, cardinal de Vendôme, puis de Bourbon. †
    ├── Henri Ier, prince de Condé, 1552-1588.
    ├── N. prince de Conti. †
    └── Charles, comte de Soissons, 1556-1612.

- Philippe Ier, duc d'Orléans. † 1702.
- Henri II, prince de Condé, 1588-1646.
- Louis, comte de Soissons, 1604-1641. †

- Louis II, le Grand Condé, 1621-1686.
- Armand, prince de Conti, 1629-1666.

- Henri-Jules (M. le Prince) 1643-1709.
- Louis-Armand, prince de Conti, 1661-1685. †
- François-Louis, prince de la Roche-sur-Yon, puis de Conti, 1664-1709.

Princes d'Orléans,
- Louis III, duc de Bourbon, (M. le Duc) 1668-1710.
- Louis-Armand, 1695.

- Louis-Henri, duc de Bourbon, 1692-1740.
- Comte de Charolais, † 1761. †
- Louis, comte de Clermont 1709-1770. †
- Louis-François, 1717-1776.

- Louis-Joseph, prince de Condé, 1736-1818.
- Louis-François-Joseph, 1734-1814. †

- Louis-Henri-Joseph, 1756-1830.

- Louis-Antoine-Henri, duc d'Enghien, 1772-1804, † avant son père. †

LES COURTENAYS.

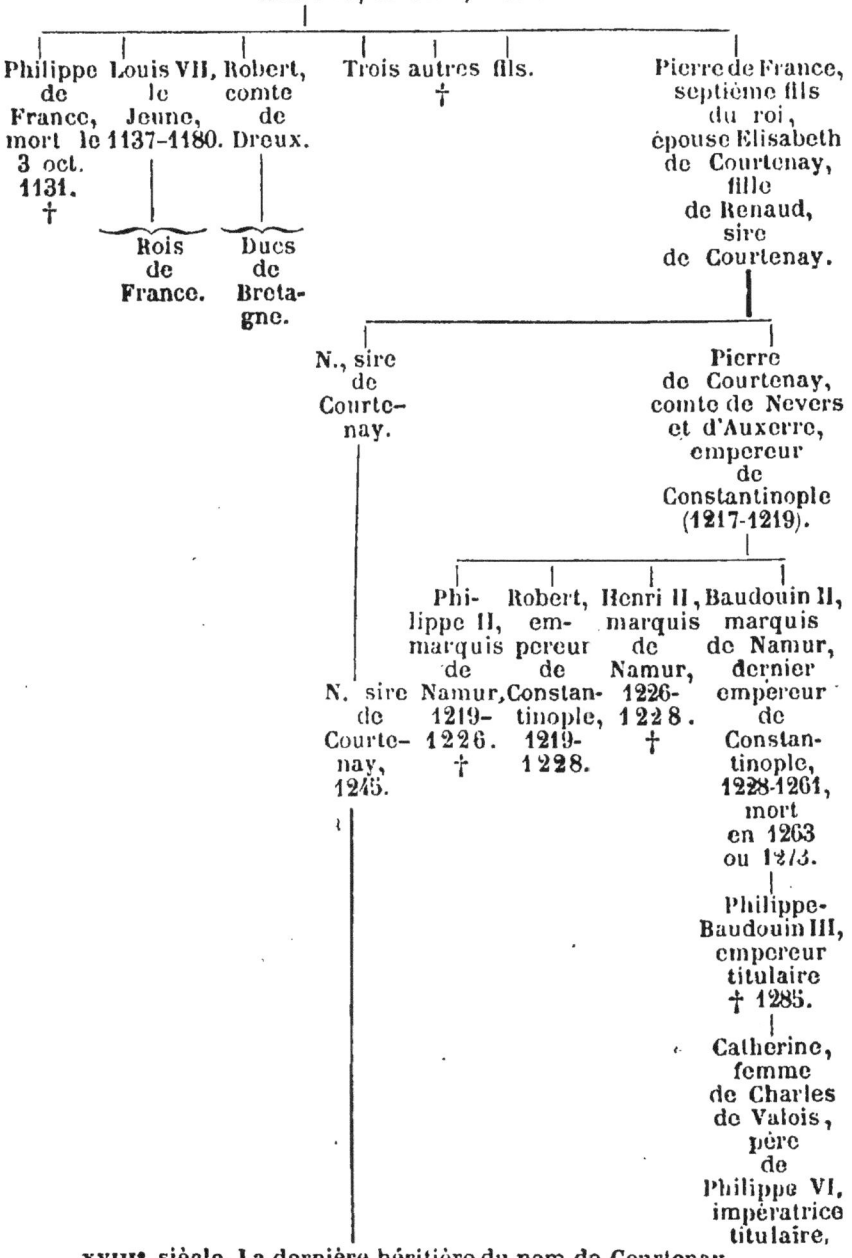

xviiie siècle. La dernière héritière du nom de Courtenay épouse le prince de Bauffremont.

On voit, par ces tableaux, que la maison de Bourbon est la plus ancienne maison souveraine de l'Europe, puisqu'elle remonte à Ansbert, qui vivait vers 580. Cependant pour certains auteurs, qui la font remonter jusqu'à Robert le Fort seulement (866), elle ne prendrait que la seconde place, entre la maison de Hohenzollern (Prusse) (800), et celle de Habsbourg (Autriche) (898).

LES ROIS DE NAVARRE
Armoiries, pavillon, succession.

Les armes de l'ancien royaume de Navarre étaient : *De gueules aux chaînes d'or, posées en croix, en sautoir et en orle* ; le drapeau national était blanc, à la croix de Saint-André alésée et crénelée rouge, et le pavillon royal, semblable à l'écu, rouge et or.

Le prince royal de France, qui portait, en cette qualité, les titres de dauphin et de prince de Viennois, y avait ajouté, depuis l'avènement de Henri IV, déjà roi de Navarre, au trône de France, celui de prince de Béarn, spécial à l'héritier de la couronne navarraise.

Les aînés des rois de Navarre avaient longtemps porté le titre de prince de Viana ; mais lorsque les Espagnols se furent emparés de la plus grande partie de cet Etat, Viana s'y trouvant justement située, ils avaient reçu le nouveau titre de prince de Béarn.

Généalogie des rois de Navarre.

VIIIᵉ siècle, comtes de Navarre.
- Garcie-Ximénès;
- Garcie-Inigo;
- Asnar, Aznar ou Azinarius, 831-336;
- Sanche, 836-852;
- Arista-Garcie-Inigo ou Garcie-Inigo-Arista, 852-857;
- Garcie Iᵉʳ, Inigo-Ximénès, premier roi, 857-882 (ou Iniguez);
- Fortun, 860-885 ou 882-905;
- Sanche Iᵉʳ, Garcez, 885 ou 905-925 ou 935;
- Garcie II, 925 ou 935-970;
- Sanche II, Abarca, 970-976 ou 994;
- Garcie III le Trembleur, 976-1003 ou 994-1000;
- Sanche III le Grand, 1000 ou 1003-1035;
- Garcie IV, 1035-1051;
- Sanche IV, 1051-1076;

Rois d'Aragon.
- Sanche V 1076-1094 (Sanche-Ramire, déjà roi d'Aragon;
- Pierre Iᵉʳ, 1094-1104;
- Alphonse Iᵉʳ, 1104-1134;
- Ramire Iᵉʳ, 1134-1137 (Ramire II en Aragon. Dernier roi de la dynastie d'Aznar;
- Garcie V, Ramirez, 1137 à ? (Arrière petit-fils ou petit-neveu de Sanche IV);
- Sanche VI le Sage, mort en 1194;
- Sanche VII le Fort, 1194-1234;

Comtes de Champagne.
- Thibaut Iᵉʳ, 1234-1253 (VI comme comte de Champagne, neveu du précédent);
- Thibaut II, 1253 à ? (VII, comme comte de Champagne);
- Henri Iᵉʳ le Gros, mort en 1274 (III, comme comte de Champagne);

Rois de France.
- Jeanne Iʳᵉ, sa fille, épouse Philippe IV le Bel, roi de France, qui devient Philippe Iᵉʳ en Navarre, 1274 à 1314;
- Louis Iᵉʳ, 1314-1316 (X en France);
- Jean Iᵉʳ, 1316;
- Philippe II, 1316-1322 (V en France);
- Charles Iᵉʳ, 1322-1328 (IV en France);

Comtes d'Évreux.	Jeanne II, fille de Louis X et son mari Philippe III, comte d'Évreux, 1328-1350; Charles II le Mauvais, 1350-1386; Charles III le Noble, 1386-1425;
Rois d'Aragon.	Blanche, sa fille, épouse Jean II, roi d'Aragon, 1425-1479 (II aussi en Navarre). Leur fils, Charles IV, prince de Viana, dispute le trône à son père après la mort de sa mère (1441); Éléonore, fille de Jean II, veuve de Gaston IV de Grailly, comte de Foix et d'Évreux, 1479;
Maisons de Foix, Albret et Bourbon.	François-Phœbus de Foix, 1479-1483; Catherine de Foix, épouse Jean III d'Albret, 1484-1516; Ferdinand V, roi d'Espagne, s'empare de la Navarre, dite depuis Espagnole, 1512; Henri II d'Albret, 1516-1555, règne sur la Navarre, dite depuis Française; Jeanne III d'Albret, épouse Antoine de Bourbon, duc de Vendôme, 1555-1572; Henri III, roi en 1572; roi de France sous le nom de Henri IV, 2 août 1589.

En 1607, la réunion de la Navarre à la France est prononcée définitivement. Le dernier prince qui ait pris le titre de roi de France et de Navarre est Louis XVI; le premier avait été Philippe le Bel.

Le trône de Navarre était héréditaire par les femmes, à l'extinction des mâles en ligne directe (fils, frères) et avant les lignes collatérales. Cependant, l'héritière du trône devait, ainsi que son mari, abdiquer le pouvoir lorsque leur fils aîné atteignait l'âge de vingt ans, époque fixée pour la majorité légale des rois de Navarre.

Le refus de Jean II d'abdiquer en faveur de son fils Charles IV causa dans le pays une longue guerre civile, dans laquelle, malheureusement, la force ambitieuse triompha du droit, et le père dénaturé vit mourir l'infortuné Charles, mort qui lui assura le trône jusqu'à la fin de sa vie.

État actuel de la Maison de Bourbon.

La maison de Bourbon se divise actuellement en deux grandes branches : les Bourbons de France, ou branche cadette d'Orléans, et les Bourbons étrangers, ou branche aînée d'Anjou, laquelle se subdivise elle-même en trois rameaux : Bourbons d'Espagne, Bourbons de Naples et Bourbons de Parme ; ces deux dernières branches sont quelquefois réunies sous l'appellation de Bourbons d'Italie.

D'après l'ordre de primogéniture, qui a toujours été en usage en France, les Bourbons d'Anjou (Espagne, Naples, Parme), descendants directs de Louis XIV, par son petit-fils, le duc d'Anjou, devenu roi d'Espagne sous le nom de Philippe V, et appartenant à la branche aînée, devraient être préférés aux Bourbons d'Orléans, descendants de Philippe, duc d'Orléans, frère de Louis XIV, et appartenant à la branche cadette. Mais Philippe V, à son avènement au trône d'Espagne, ayant solennellement renoncé, d'après une clause du testament de Charles II, pour lui et pour ses descendants, à tous droits et prétentions sur la couronne de France, (renonciation qui, dénoncée par des lettres-patentes de Louis XIV — 3 février 1701 — fut imposée de nouveau par les puissances, aux traités d'Utrecht, de Rastadt et de Bade — 1713-1714), les princes d'Orléans sont aujourd'hui les héritiers légitimes du trône de France, et les Bourbons d'Anjou ne pourront légalement y prétendre qu'en cas d'extinction complète des mâles de la famille d'Orléans.

LES PRÉTENDANTS

Les Bourbons de France se divisaient autrefois en deux branches : l'aînée, descendant de Louis XIV, et la cadette, dite d'Orléans.

La branche aînée s'étant éteinte en la personne de Henri-Charles-Marie-Ferdinand-Dieudonné de Bourbon-Artois, duc de Bordeaux, comte de Chambord (Henri V), né le 29 septembre 1820, fils de Charles-Ferdinand d'Artois, duc de Berry, second fils de Charles X, assassiné par Louvel, le 13 février 1820; neveu et successeur de Louis-Antoine d'Artois, duc d'Angoulême (Louis XIX), fils aîné de Charles X (1775-1844); décédé à Froshdorff (Autriche), le 24 août 1883, le comte de Paris, chef de la branche cadette et du parti orléaniste [1] et petit-fils du roi Louis-Philippe, est devenu l'héritier légitime du trône de France, et les deux partis, légitimiste ou henriquinquiste, et orléaniste ou philippiste, jusqu'alors en présence, ont formé autour de lui l'unique parti royaliste. Le comte de Paris (Philippe VII), mort le 8 septembre 1894, a eu pour

---

1. Le comte de Paris avait reconnu, à la fameuse entrevue de Froshdorff (5 août 1873), le comte de Chambord comme chef unique des Bourbons de France, mettant ainsi généreusement un terme à la scission des monarchistes français.

successeur dans ses droits et prétentions son fils ainé, le duc d'Orléans (Philippe VIII).

Quelques royalistes dissidents ont cependant refusé de reconnaître le comte de Paris comme successeur du comte de Chambord. Ils sont connus sous les noms de légitimistes, de blancs d'Espagne [1] et de carlistes, et se sont groupés autour de Don Carlos, chef de la branche des Bourbons d'Espagne, auquel ils ont donné le nom de Charles XI. Don Carlos se trouve donc, à la fois, prétendant aux deux couronnes d'Espagne et de France. Cette circonstance a causé une sorte de scission dans le parti légitimiste; plusieurs, arguant de l'incompatibilité de Don Carlos, ont reconnu comme prétendant au trône de France, les uns, Jacques, fils unique de Don Carlos; les autres, Alphonse, frère du même Don Carlos.

D'autre part, Don Carlos paraissant s'occuper depuis une dizaine d'années presque exclusivement des affaires espagnoles, un troisième prétendant a surgi : François, duc de Bourbon et d'Anjou, prince espagnol et cousin de Don Carlos (François III) qui, lui, a renoncé à l'Espagne, pour se consacrer uniquement aux affaires françaises.

Je parlerai, pour mémoire, d'un autre prétendant, fantaisiste celui-là, le prince Auguste de Bourbon, dit Naündorff (Auguste Ier), descendant du fameux Naündorff, un des soi-disant Louis XVII, lequel, échappé de la prison du Temple [2], aurait fait souche d'héritiers. On est aujourd'hui cer-

---

1. Les monarch. franç. sont quelquefois appelés blancs d'Eu.
2. Evasion qui eut lieu, selon les naündorfistes, le 12 juin 1793.

tain que le petit Dauphin est bien mort au Temple, le 8 juin 1795[1], et ces prétendants sans partisans sont peu dangereux. Cependant, le gouvernement hollandais a reconnu les héritiers de Naündorff comme les descendants authentiques de Louis XVII.

Enfin, pour ne rien omettre, les impérialistes, bonapartistes ou napoléoniens, partisans du régime impérial — plébiscitaire (parti de l'appel au peuple), ont, eux aussi, leur prétendant : c'est le prince Victor-Napoléon-Jérôme-Frédéric Bonaparte, comte de Montfort, né à Paris, le 18 juillet 1862 (Napoléon VI), héritier légitime de Napoléon le Grand, et descendant de Jérôme Bonaparte, frère de l'Empereur.

Tous ces partis, renfermant sous des noms divers les adversaires du gouvernement de la République, sont appelés par les républicains partis monarchistes, conservateurs, réactionnaires ou solutionnistes.

LES PRINCES D'ORLÉANS

Les membres actuels de la famille d'Orléans descendent tous du roi Louis-Philippe Ier. En effet, Louis-Philippe avait eu deux frères, Antoine-Philippe, duc de Montpensier, né en 1775, et Louis-Charles, comte de Béaujolais, né à Paris en 1779, et une sœur, Adélaïde, née en 1777, lesquels sont morts tous trois sans postérité : le premier à Twickenham (Angleterre), en 1807 ; le second, en Sicile, en 1808, et la troisième (qui ne s'était pas mariée,

---

[1]. D'après l'acte de décès, Fréville dit le 1er juin.

et qui fut souvent l'Egérie de son frère), en 1847.

Louis-Philippe Ier (6 octobre 1773-26 août 1850) a eu de sa femme, Marie-Amélie (1778-1866), fille de Ferdinand Ier, roi des Deux-Siciles et de Marie-Caroline, sœur de Marie-Antoinette, qu'il avait épousée en 1809, dix enfants : huit qui vécurent : les ducs d'Orléans, de Nemours, d'Aumale, de Montpensier, le prince de Joinville, les princesses Clémentine, Louise et Marie, et deux qui moururent jeunes : Charles-Ferdinand, duc de Penthièvre (1820-1828) et Françoise, Mlle de Montpensier (1816-1820).

De ces huit enfants descendent les membres actuels de la famille d'Orléans.

Leur généalogie.

Les princes d'Orléans descendent de Louis XIII, par son second fils. Louis XIII eut, en effet, deux fils de sa femme Anne d'Autriche, Louis XIV et Philippe de Bourbon, duc d'Orléans, frère cadet de Louis XIV :

1° Philippe Ier, duc d'Orléans, né à Saint-Germain-en-Laye, en 1640, mort à Saint-Cloud en 1701, épousa, en 1671, en secondes noces [1], Charlotte-Élisabeth de Bavière, et en eut :

2° Philippe II, duc d'Orléans (le Régent), né à Saint-Cloud, en 1674, mort à Paris en 1723, qui épousa, en 1692, Françoise-Marie de Bourbon, Mlle de Blois, fille de Louis XIV, et en eut :

3° Louis, duc d'Orléans, né à Versailles, en 1703,

---

1. Il était veuf de Henriette-Anne d'Angleterre, qu'il avait épousée en 1661.

mort à Paris en 1752, qui épousa, le 16 juin 1724, Augusta-Marie-Jeanne de Bade, et en eut :

4° Louis-Philippe Ier [1], duc d'Orléans, né à Paris en 1725, mort en 1785, qui épousa, le 16 décembre 1743, Louise-Henriette de Bourbon-Conti, et en eut :

5° Louis-Philippe-Joseph, duc d'Orléans (Philippe-Égalité), né à Saint-Cloud, en 1747, mort sur l'échafaud, le 6 novembre 1793, qui épousa en 1769 Louise-Marie-Adélaïde de Bourbon-Penthièvre :

6° Louis-Philippe II, d'abord duc d'Orléans, puis roi des Français, sous le nom de Louis-Philippe Ier (1773-1850), qui épousa, le 25 novembre 1809, Marie-Amélie de Bourbon-Sicile (1778 ou 1782-24 mars 1866).

Les princes d'Orléans ont porté, jusqu'en 1830, le qualificatif d'Altesses Sérénissimes, alors que les membres de la branche royale portaient celui d'Altesses Royales.

L'ordre de succession éventuelle des Bourbons dans les différents pays.

EN FRANCE	A NAPLES
1° Branche d'Orléans, cadette.	1° Branche de Naples, aînée.
2° — d'Espagne, aînée.	2° — d'Espagne, *id.*
3° — de Naples, *id.*	3° — de Parme, *id.*
4° — de Parme, *id.*	4° — d'Orléans, cadette.
EN ESPAGNE	A PARME
1° Branche d'Espagne, aînée.	1° Branche de Parme, aînée.
2° — de Naples, *id.*	2° — d'Espagne, *id.*
3° — de Parme, *id.*	3° — de Naples, *id.*
4° — d'Orléans, cadette.	4° — d'Orléans, cadette.

1. Il se remaria morganatiquement en 1773, avec Charlotte-Jeanne Béraud de la Haie de Riou, marquise-veuve de Montesson.

Une remarque curieuse.

Le mariage du duc d'Aoste avec la princesse Lœtitia Bonaparte a donné lieu à de curieuses remarques.

Les deux familles, Bonaparte et Savoie, apparentées depuis le 30 janvier 1859 par le mariage du prince Jérôme avec la princesse Clotilde, ont contracté un nouveau lien : les Bonapartes restituant à l'Italie la princesse qu'ils en avaient reçue il y a trente ans. Mais la dynastie de Savoie est également alliée de très près aux Bragances du Portugal, la reine mère Marie-Pia étant la sœur du roi Humbert. Les Bragances, à leur tour, sont apparentés avec les d'Orléans, par cette raison que la reine Amélie de Portugal est une fille du comte de Paris. Voilà donc les d'Orléans et les Bonapartes devenus cousins par ce mariage.

D'ailleurs, le prince Victor-Napoléon est le propre petit-neveu de Louis XVI, Louis XVIII et Charles X; la sœur de ces trois rois de France, sainte Clotilde, ayant épousé Charles-Emmanuel IV, roi de Sardaigne est, en effet, l'aïeule du prince Victor qui, de ce fait, est un descendant de Henri IV et de Louis XIV.

1. — GÉNÉALOGIE

de la

FAMILLE D'ORLÉANS

LA MAISON ROYALE

La maison royale de France comprend actuellement, par ordre de primogéniture et de succession éventuelle :

1° Mgr le duc d'Orléans ;
2° Mgr le duc de Montpensier, son frère ;
3° S. M. la reine de Portugal ; ⎫
4° Mme la duchesse d'Aoste ; ⎬ ses
5° Mme la princesse Isabelle d'Orléans ; ⎬ sœurs
6° Mme la princesse Louise d'Orléans ; ⎭
7° Mgr le duc de Chartres, son oncle ;
8° Mgr le comte d'Eu ; ⎫
9° Mgr le duc d'Alençon ; ⎬
10° Mme la princesse Blanche d'Orléans ; ⎬ ses
11° LL. AA. les princes Adam et Witold Czartoryski ; ⎭ cousins
12° Mgr le prince de Joinville, son grand-oncle ;
13° Les enfants morganatiques de feu Mgr le duc d'Aumale, ses cousins ;
14° Mgr le prince Antoine d'Orléans, son cousin ;
15° Mme la comtesse-veuve de Paris, sa mère ;
16° La famille royale de Belgique (cousins) ;

17° Mgr le duc Philippe de Wurtemberg, son cousin ;

18° Mme la princesse Clémentine d'Orléans, sa grand'tante ; et les divers enfants de ces princes.

On sait que, en vertu de la loi salique, les femmes ne règnent pas en France, et ne transmettent à leurs enfants aucun droit au trône.

Les princes dont le nom est suivi d'une astérisque ne portent pas le titre auquel ils ont droit, en vertu de précédents ou de faits incontestables.

1° Le duc d'Orléans.

Louis-PHILIPPE-Robert de Bourbon-Orléans, duc d'Orléans, prétendant au trône de France et aux titres inhérents de Majesté Très Chrétienne, de Fils aîné de l'Église [1], et de Chanoine de la basilique de Saint-Jean-de-Latran [2], sous le nom de Philippe VIII,

Est né à Twickenham (York-House), comté de Middlesex (Angleterre),

Le 6 février 1869.

---

1. Le premier qui porta ce titre de Très-Chrétien, fut, paraît-il, un roi ou gouverneur des tribus de la Bourgogne, Trophime-Étienne (vers 120), qui vécut si saintement que le pape le surnomma le Très-Chrétien, nom qui passa ensuite aux rois de France. Clovis, le premier des rois barbares qui se convertit, reçut du pape ce premier titre et celui de Fils aîné de l'Eglise.

2. Titre commun à tous les chefs de gouvernement français : rois, empereurs ou présidents. Vacant depuis la chute de M. Thiers.

Il est le fils aîné et le second enfant de feu Louis-Philippe-Albert d'Orléans, comte de Paris, prétendant au trône de France sous le nom de Philippe VII, né à Paris, au château des Tuileries, le 24 août 1838, mort à Buckingham (Stowe-House), Angleterre, le 8 septembre 1894, successeur de son cousin Henri V, comme chef de la Maison royale de France, le 25 août 1883, fils aîné de Ferdinand, duc d'Orléans, fils aîné de Louis-Philippe Ier, marié le 30 mai 1864,

Et de Marie-Isabelle-Françoise d'Orléans, fille du feu duc de Montpensier, 5° fils de Louis-Philippe Ier,

Et a succédé à son père, comme chef de la Maison royale de France, le 8 septembre 1894,

Il a épousé à Vienne (Autriche),

Le 5 novembre 1896,

L'archiduchesse Marie-Dorothée-Amélie, née à Alcsuth (Hongrie), le 14 juin 1867, fille de l'archiduc Joseph-Charles-Louis d'Autriche et de la princesse Clotilde-Marie-Amélie de Saxe-Cobourg-Gotha-Kohary.

2° Le duc de Montpensier

Ferdinand-François de Bourbon-Orléans, duc de Montpensier, prince de Viennois et Dauphin de France[1], avec les titres de Monseigneur comme

---

[1]. Le fils aîné du Dauphin prend, depuis Louis XIV, le titre de duc de Bourgogne.

dauphin et de Monsieur comme frère du roi,

Est né au château d'Eu,

Le 9 septembre 1884.

Il est le second fils et le dernier enfant du comte et de la comtesse de Paris, et le frère puîné du duc d'Orléans.

3° La reine de Portugal.

Marie-AMÉLIE-Louise-Hélène de Bourbon-Orléans (*Madame Royale*)[1],

Est née à Twickenham (Angleterre),

Le 28 septembre 1865.

Elle est la fille aînée de feu le comte de Paris et la sœur des précédents,

Et a épousé,

Les 6 février, 22 mai 1886,

Sa Majesté CHARLES Ier, Ferdinand-Louis-Marie-Victor-Michel-Raphaël-Gabriel-Gonzague-Xavier-François d'Assise-Joseph-Simon de Saxe-Cobourg-Gotha et Bragance, roi de Portugal, qui n'était alors que duc de Bragance, né le 28 septembre 1863, fils aîné du roi Louis Ier, et successeur de son père, le 19 octobre 1889 (Don Carlos Ier).

---

1. Ces titres sont ceux des princesses, filles de Louis-Philippe.

De cette union sont nés trois enfants :

Un est mort :

Une fille, née à Lisbonne, le 15 décembre 1887, et morte le même jour ;

Deux sont vivants :

1° Louis-Philippe-Charles-Marie-Ferdinand-Victor de Saxe-Cobourg-Gotha et Bragance, duc de Bragance [1], prince royal de Portugal, né à Lisbonne le 21 mars 1887 ;

2° Manuel de Saxe-Cobourg-Gotha et Bragance, duc de Béja, né à Lisbonne, le 15 novembre 1889.

4° La duchesse d'Aoste.

Hélène-Louise-Henriette de Bourbon-Orléans (Mlle de Valois),

Est née à Twickenham (Angleterre),

Le 16 juin 1871.

Elle est la seconde fille de feu le comte de Paris, et la sœur des précédents,

Et a épousé à Kingston (Angleterre),

Le 25 juin 1895,

Emmanuel-Philibert-Victor-Eugène-Albert-Gé-

---

1. Ce jeune prince a porté, jusqu'à l'avènement de son père, les titres de prince de Beïra et comte-duc de Barcellos, qui appartiennent à l'aîné des ducs de Bragance.

nova [1]-Joseph-Marie de Savoie, duc d'Aoste, fils aîné de feu Amédée, duc d'Aoste, ex-roi d'Espagne, second fils du roi Victor-Emmanuel II, et neveu du roi actuel d'Italie, né à Gênes, le 13 janvier 1869.

5° La princesse Isabelle.

Marie-ISABELLE de Bourbon-Orléans (Mlle de Montpensier).

Est née au château d'Eu,

Le 7 mars 1878.

Elle est la troisième fille de feu le comte de Paris et la sœur des précédents.

6° La princesse Louise.

LOUISE-Françoise de Bourbon-Orléans (Mlle de Beaujolais).

Est née à Cannes,

Le 24 février 1882.

C'est la dernière fille de feu le comte de Paris et la sœur des précédents.

---

1. Français, saint Genou; teuton, Ghénulf; latin Sanctus Genulfus. Un des masculins de Geneviève (Ghenovefa).

7° Le duc de Chartres

Robert-Philippe-Louis-Eugène-Ferdinand de Bourbon-Orléans, duc de Chartres,

Est né à Paris,

Le 9 novembre 1840,

Il est le second fils de feu Ferdinand-Philippe-Louis-Charles-Henri, duc d'Orléans, né en 1810, mort accidentellement à Neuilly, le 13 juillet 1842, fils aîné de Louis-Philippe Ier, marié le 30 mai 1837,

Et de feu Hélène-Louise-Élisabeth de Mecklembourg-Schwérin, née en 1814, morte le 18 mai 1858,

Et le frère de feu le comte de Paris,

Et a épousé,

Le 11 juin 1863 ou 1864,

Sa cousine germaine, Marie-Amélie-Françoise d'Orléans, fille du prince de Joinville, née en 1844,

De cette union sont nés cinq enfants,

Un est mort :

Robert d'Orléans,

Quatre sont vivants ; deux fils :

1° Henri-Philippe d'Orléans, duc de Valois [1] né le 16 octobre 1867 ;

2° Jean-Marie d'Orléans, duc de Guise [2], né le 4 septembre 1874.

---

1. Le fils aîné du duc de Chartres portait toujours ce titre.
2. Le duc d'Aumale, en mourant, a laissé les domaines

Et deux filles :

1° MARIE-Amélie-Françoise-Hélène d'Orléans, née en 1865, qui a épousé à Eu, le 22 octobre 1885, le prince Waldemar¹ de Danemark, né à Bernstorff, le 27 octobre 1858, ex-prince élu de Bulgarie, non-acceptant (10 novembre 1886), fils cadet du roi Christian IX.

De ce mariage sont nés cinq enfants, quatre fils et une fille.

    a) — Aag de Waldemar², né le 10 juin 1887;
    b) — Un autre fils, né le 13 août 1888;
    c) — Un autre fils, né le 8 novembre 1890;
    d) — Un autre fils, né le 25 décembre 1893;
    e) — Une princesse, née le 19 septembre 1895.

2° Marguerite d'Orléans, née le 25 juin 1869, qui a épousé, le 22 avril 1896, Patrice, marquis de Mac-

---

d'Aumale et de Condé au duc d'Orléans, et celui de Guise au duc de Chartres; le duc de Montpensier avait déjà laissé la terre de ce nom au second fils de Mgr le comte de Paris.

1 En français, saint Galmier, en latin sanctus Baldomarus.

2. C'est-à-dire : fils de Waldemar. Les anciens Grecs ajoutaient au nom paternel, la terminaison *idès* pour les hommes et *eïs, is,* pour les femmes : Priamides, Hector, fils de Priam; Inachis, Io, fille d'Inachus. Chez les Romains, cette terminaison était *géna*, et pour les hommes seulement : Jasius-Janigéna, ou fils de Janus ; les filles portaient le nom adouci du père : Fabiola, Lélia, filles de Fabius ou de Lélius. En Russie, *owitch, ewitch* et *owna, ewna* sont les terminaisons usitées : le tzarèwitch, la tzarewna, enfants du tzar. — Chez les Espagnols et les Portugais, c'est *ez* et *éja* : Henriquez, fils de Henrique (Henri), Beltranéja, fille de Bertrand. — En Hollande, c'est *is* : Menno Simonis, fils de Simon. — En

Mahon, duc de Magenta, fils du feu Maréchal-Président de la République Française, né en 1855, descendant des anciens rois d'Irlande, par Mahon, mort en 976, fils de Kennedy, roi de Munster, et frère de Brian-Boroïmh, roi de toute l'Irlande (vulg. Brien-Borou).

Les Mac-Mahon portent : *De sable à trois léopards de gueules, l'un sur l'autre.*

8° Les enfants de feu le duc de Nemours

Le comte d'Eu

Louis-Philippe-Marie-Ferdinand-GASTON de Bourbon-Orléans, comte d'Eu, ex-prince impérial du Brésil,

Est né en 1842.

Il est le fils aîné de feu Louis-Charles-Philippe-Raphaël d'Orléans, duc de Nemours, ex-roi élu et non acceptant des Belges (3-17 février 1831) [1], né à Paris le 25 octobre 1814, mort à Versailles, le 26 juin

---

Suède, c'est *son* : Canut Erikson, fils d'Eric. — En Écosse et en Irlande, on met devant le nom paternel une des syllabes *mac*, *o'* ou *fitz* : les Mac Donald, les O' Brien, les Fitz-James. — Les juifs placent le mot *ben* entre les deux noms : Salomon-ben-David ; enfin, les Arabes emploient ce même mot *ben* ou la syllabe *ould* : Mohamed-ben-Ali, Mohoul-ould-Mahmet, fils d'Ali ou de Mahmet. Chez les peuples européens, ces antiques habitudes tombent en désuétude.

1. L'indépendance de la Belgique avait été proclamée le 17 novembre 1830.

1896, second fils et quatrième enfant de Louis-Philippe Ier, frère du duc d'Orléans, marié le 27 avril 1840;

Et de feu Victoire-Augusta-Antoinette de Saxe-Cobourg-Gotha, née le 14 février 1822 ou 1831, morte en 1857, fille du prince Ferdinand de Saxe-Cobourg-Gotha,

Et a épousé, en 1864,

La princesse impériale Isabelle de Bragance, fille de feu l'empereur Dom Pedro II du Brésil et de l'impératrice Thérèse, successeur de son père et ayant abdiqué le même jour en faveur de son fils aîné, née en 1846.

De cette union sont nés trois fils :

1° Pierre d'Orléans, prince de Grand-Para, prétendant actuel au trône du Brésil, sous le nom de dom Pedro III, né en 1875 ;

2° Louis d'Orléans, Marie-Philippe[1], duc du Maine, né en 1878;

3° Antoine d'Orléans, Gaston-Philippe[2], duc de Nemours, né en 1881.

9° Le duc d'Alençon

Ferdinand-Philippe-Marie-d'Orléans, duc d'Alençon,

---

[1] Le second fils du duc du Maine, fils légitimé de Louis XIV, fut comte d'Eu.

[2] Le père de Mgr le comte d'Eu était Mgr le duc de Nemours.

Est né en 1844.

Il est le second fils de feu le duc de Nemours et le frère du précédent.

Et avait épousé, le 28 septembre 1868, feu la princesse Sophie-Charlotte-Augusta de Bavière, deuxième fille du prince Maximilien-Louis-Guillaume, duc en Bavière et de la princesse Louise, duchesse en Bavière, et sœur de l'impératrice d'Autriche, née le 22 février 1847 à Munich, morte à Paris, le 4 mai 1897.

Deux enfants sont nés de ce mariage :
Un fils :

1° Emmanuel d'Orléans, duc de Vendôme, né à Méran (Suisse), le 18 janvier 1872, marié le 12 février 1896, à la princesse Henriette de Belgique, fille du comte de Flandre et nièce du roi Léopold II, née le 30 novembre 1870.

De cette union est née, en 1897, une fille, la princesse Amélie ;

2° Louise-Amélie-Sophie d'Orléans, née en 1869, mariée en 1891 au prince Alphonse de Bavière, né en 1862.

10° La princesse Blanche

Blanche d'Orléans
Est née le 28 octobre 1857.

Elle est la seconde fille du duc de Nemours et la sœur des précédents.

La princesse Blanche n'est pas mariée.

11° Le prince Adam Czartoryski

Le prince Adam Czartoryski

Est né en 1872.

Il est le fils aîné du prince Ladislas Czartoryski, de la race royale des Jagellons (lignes féminines); marié à Chantilly, le 15 janvier 1872, et de feu la princesse Marguerite d'Orléans, née en 1846, morte le 24 octobre 1893, fille aînée de feu le duc de Nemours.

Les Czartoryski portent: *De gueules, à un chevalier casqué, cuirassé et armé d'argent, portant au bras une rondache d'azur, chargée d'une croix patriarcale d'or, et bordée de gueules, monté sur un cheval effaré d'argent, harnaché de gueules, galopant sur trois tours d'argent mouvant d'une terrasse de sinople.* Leurs ancêtres, les Jagellons, ont régné sur la Pologne.

Nota. — Le prince Ladislas Czartoryski était veuf en premières noces de la comtesse de Vista-Alègre, fille de la reine Christine d'Espagne.

11° *bis*. Le prince Witold Czartoryski

Le prince Witold Czartoryski

Est né en 1876.

Il est le second fils du prince Ladislas Czartoryski et de feu la princesse Marguerite d'Orléans ; il est le frère du précédent.

12° Le prince de Joinville

FRANÇOIS-Ferdinand-Philippe-Louis-Marie de Bourbon-Orléans, prince de Joinville, infant du Brésil,

Est né à Neuilly,

Le 14 août 1818.

Il est le troisième fils et septième enfant de Louis-Philippe Ier,

Et a épousé, en 1843,

L'infante Françoise de Bragance, sœur de Dom Pedro II, empereur du Brésil, née le 2 août 1824.

De ce mariage sont nés deux enfants :

Un fils :

Pierre d'Orléans, duc de Penthièvre, né en 1845,

Et une fille :

La duchesse de Chartres.

13° Les enfants morganatiques de feu Monseigneur le duc d'Aumale

Feu Henri-Eugène-Philippe-Louis de Bourbon-Orléans, duc d'Aumale,

Était né à Paris,

Le 16 janvier 1822,

Et est mort à Zucco (Sicile), le 7 mai 1897.

Il était le cinquième fils et neuvième enfant de Louis-Philippe Ier,

Et avait épousé, le 25 novembre 1843 ou 1844, Marie-Caroline de Bourbon-Sicile, fille du prince de Salerne, de la Maison Royale des Deux-Siciles, née en 1822, morte le 6 décembre 1869.

De cette union étaient nés six enfants, tous morts :

1° Louis-Philippe-Marie-Léopold d'Orléans, prince de Condé (1845-1866), mort à Sidney (Australie) ;

2° François-Louis-Marie-Philippe d'Orléans, duc de Guise (1854-25 juillet 1872) ;

Et quatre filles.

Devenu veuf, le duc d'Aumale s'était remarié morganatiquement en secondes noces avec la comtesse Berthe de Clinchamp.

Deux fils sont issus de ce second mariage, l'aîné est né en 1870.

14° Le prince Antoine

Antoine de Bourbon-Orléans, comte d'Auvergne[1], infant d'Espagne,

Est né en Espagne, en 1866 ou 1868.

Il est le dernier fils vivant[2] de feu ANTOINE-Marie-Philippe-Louis d'Orléans, duc de Montpensier, infant d'Espagne, né à Neuilly, le 30 juillet 1824, mort à San-Lucar de Barraméda (Espagne), le 4 février 1890, sixième fils et dixième enfant de Louis-Philippe Ier, marié à Madrid, le 10 octobre 1846;

Et de feu l'infante Marie-LOUISE-Ferdinande de Bourbon-Anjou, seconde fille de Ferdinand VII et sœur d'Isabelle II, ex-reine d'Espagne, née le 30 janvier 1832, à Madrid; morte à Séville, le 2 février 1897;

Et a épousé, en 1886,

La princesse Eulalie de Bourbon, fille de la reine Isabelle II et sœur du roi Alphonse XII, née en 1864.

De cette union sont nés trois enfants:

---

1. Les fils aînés des ducs de Montpensier portaient ce titre.
2. Le duc de Montpensier avait eu neuf enfants. Les sept autres sont : — les princes Philippe-Louis, né à Séville, le 30 avril 1867, mort à Randau en 1874; et Ferdinand, mort en 1873; les princesses Amélie, morte à 19 ans; Marie, morte à 18 ans; Marie-de-las-Mercédès, reine d'Espagne, première femme d'Alphonse XII, née le 21 juin 1860, mariée en 1878, morte le 26 juin 1878; et Christine, fiancée d'Alphonse XII, morte avant ses noces (1852-1879).

1° Alphonse d'Orléans, né en 1886 ;

2° Louis-Ferdinand-Marie-Zacharie d'Orléans, né le 5 novembre 1888 ;

3° Un troisième enfant, né en mars 1890.

15° La Comtesse de Paris

Marie-ISABELLE-Françoise de Bourbon-Orléans, infante d'Espagne, Comtesse de Paris,

Est née en Espagne,

Le 21 septembre 1848.

Elle est la fille aînée et aujourd'hui unique du duc de Montpensier et la sœur du précédent ;

Et avait épousé,

Le 31 mai 1864,

Feu le Comte de Paris.

Sept enfants sont nés de cette union,
Un est mort :
Charles d'Orléans (25 janvier, 7 juin 1875).
Six sont vivants :
Les ducs d'Orléans et de Montpensier et quatre filles. (Voir plus haut.)

16° La famille royale de Belgique

Léopold II

LÉOPOLD II, Louis-Philippe-Marie-Victor de Saxe-

Cobourg-Gotha, roi des Belges, souverain de l'Etat indépendant du Congo,

Est né à Bruxelles,

Le 9 avril 1835.

Il est le fils aîné de Léopold Ier, premier roi des Belges, élu le 12 juillet 1831, né en 1790, mort le 10 décembre 1865, et de sa seconde femme, feu LOUISE-Marie-Thérèse d'Orléans [1] (Madame Royale), née à Palerme, le 3 avril 1812, morte le 12 octobre 1850, mariée le 9 août 1832, fille aînée et deuxième enfant de Louis-Philippe Ier.

(Léopold Ier était veuf, en premières noces, de la princesse Charlotte-Augusta d'Angleterre, princesse de Galles, fille unique du roi George IV, née en 1796, mariée en 1816, morte en couches avec son enfant, 1817.)

Il a succédé à son père, le 10 décembre 1865,

Et a épousé,

Les 10-22 août 1853, par procuration, puis en personne,

L'archiduchesse MARIE-HENRIETTE-Anne, née à Budapest, le 23 août 1836, fille de l'archiduc JOSEPH-Antoine-Jean, palatin de Hongrie.

Quatre enfants sont nés de cette union :

Un est mort :

Léopold, comte de Hainaut, mort le 22 janvier 1869 ;

---

[1]. Appelée communément, en Belgique, sainte Louise-Marie, à cause de ses rares vertus.

Trois filles sont vivantes:

1° Louise de Saxe-Cobourg-Gotha, née le 18 février 1858, mariée au prince Philippe de Saxe-Cobourg-Gotha, son cousin. De cette union sont nées deux filles; la cadette, Dorothée, née en 1881, a épousé, en 1897, le duc Ernest-Gonthier de Schleswig-Holstein, né en 1863 (Ernst-Günther [1]) prétendant actuel au trône de ce duché et frère de l'impératrice d'Allemagne ;

2° Stéphanie de Saxe, née à Laëken, le 21 avril ou mai 1864, mariée le 10 mai 1881, à feu l'archiduc Rodolphe, Kronprinz d'Autriche-Hongrie, mort le 31 janvier 1889. De ce mariage est née, le 2 septembre 1883, une fille, Elisabeth ;

3° Clémentine de Saxe, née le 10 juillet 1872; fiancée au prince Albert, son cousin germain.

Le comte de Flandre

Philippe de Saxe-Cobourg-Gotha, comte de Flandre,

Est né le 24 mars 1837.

Il est le second fils de Léopold Ier et le frère du roi actuel,

Et a épousé

La princesse Marie de Hohenzollern-Sigmaringen,

---

1. En espagnol, Gonzalés ou Gonzalve, lat. Guntharius.

fille du prince Charles-Antoine de Hohenzollern-Sigmaringen.

De cette union sont nés quatre enfants :

Un est mort :

Baudouin, duc de Brabant, né le 3 juin 1869, mort le 23 janvier 1891.

Trois sont vivants : un fils,

Albert de Saxe, duc de Brabant, né le 8 avril 1875, fiancé à la princesse Clémentine, sa cousine germaine, troisième fille du roi Léopold II ;

Et deux filles :

1° Henriette de Saxe, née le 30 novembre 1870, mariée le 12 février 1896, au duc de Vendôme ;

2° Joséphine de Saxe, née le 18 octobre 1872, mariée le 28 mai 1894, au prince Charles de Hohenzollern.

L'impératrice Charlotte

Marie-CHARLOTTE de Saxe-Cobourg-Gotha, ex-impératrice du Mexique,

Est née le 8 juin 1840.

Elle est la fille unique de Léopold Ier et la sœur des précédents,

Et avait épousé

Feu Maximilien 1er, Ferdinand-Joseph, archiduc d'Autriche, empereur du Mexique (10 juillet 1863-19 juin 1867).

17° Le duc de Wurtemberg

Philippe de Wurtemberg, duc de Wurtemberg,

Est le fils unique de feu Alexandre, duc de Wurtemberg, et de feu la princesse MARIE-Louise de Bourbon-Orléans (Mademoiselle de Valois) deuxième fille et troisième enfant de Louis-Philippe Ier, née en 1813, mariée en 1837, morte en 1839 ;

Et a épousé

L'archiduchesse Marie-Thérèse d'Autriche.

Le duc Alexandre s'était remarié morganatiquement avec la comtesse de Hohenstein. Un fils est né de cette union : François, duc de Teck, lequel a épousé une princesse d'Angleterre, qui lui a donné une fille.

18° La princesse Clémentine.

Marie-CLÉMENTINE de Bourbon-Orléans (Mademoiselle *de Beaujolais*)

Est née en 1817.

Elle est la quatrième fille et la sixième enfant de Louis-Philippe Ier;

Et avait épousé, en 1837,

Feu AUGUSTE-Louis-Victor, prince de Saxe-Cobourg-Gotha-Kohary (1818-1881).

De cette union sont nés cinq enfants :

Une est morte :

Amélie, mariée à feu Maximilien-Emmanuel, duc en Bavière, fils du duc Max et frère de l'impératrice d'Autriche, morte le 20 mai 1894.

Quatre sont vivants ; trois fils :

1° Philippe de Saxe, marié à la princesse Louise de Belgique (voir *Belgique*) ;

2° Louis-Auguste de Saxe, qui avait épousé feu la princesse Léopoldine, deuxième fille de Dom Pedro II, empereur du Brésil. Trois enfants étaient nés de cette union :

Un est mort :

Joseph, le dernier, né en 1869, mort à Neustadt (Autriche), en août 1888.

Deux sont vivants :

a) — Pierre-Auguste de Saxe, né en 1865, qui a été prince impérial du Brésil de 1865 à 1874 ;

b) — Ferdinand de Saxe.

3° Ferdinand de Saxe-Cobourg-Gotha, né à Vienne, le 26 février 1861, cinquième et dernier enfant.

Élu prince de Bulgarie, le 7 juillet 1887, il a épousé, le 20 avril 1893, à Villa-Pianore (Italie), la princesse Marie-Louise de Bourbon, fille du duc de Parme, née le 17 janvier 1870. Le prince de Bulgarie prend le titre d'*Altesse Tzarienne* [1].

De cette union sont nés trois enfants ; deux fils ;

---

1. Tzarska-Visotschestvo.

a) — Boris de Saxe, prince de Tirnova, né à Sofia, le 30 janvier 1894, *Altesse Tzarienne;*

b) — Cyrille de Saxe, prince de Preslaw, né à Sofia, le 14 novembre 1895, *Altesse Royale;*

Et une fille :

c) — N... de Saxe, née à Sofia, le 18 janvier 1898.

Et une fille :

4° Clotilde-Marie-Amélie de Saxe, née le 8 juillet 1846, qui a épousé, à Cobourg, le 12 mai 1864, l'archiduc Joseph-Charles-Louis, né à Presbourg en 1833, fils de l'archiduc Joseph-Antoine-Jean, palatin de Hongrie, frère du grand-père de l'empereur François-Joseph Ier, mort en 1847.

Six enfants sont nés de ce mariage, quatre filles et deux fils :

a) — Marie-Dorothée-Amélie, qui a épousé, le 5 novembre 1896, le duc d'Orléans, née le 14 juin 1867;

b) — Marguerite-Clémentine-Marie, femme d'Albert, prince régnant de Tour-et-Taxis; née le 6 juillet 1870;

c) — Élisabeth, archiduchesse d'Autriche, née le 9 mars 1883;

d) — Clotilde, archiduchesse d'Autriche, née le 9 mai 1884;

e) — Joseph-Auguste, archiduc d'Autriche, né le 9 août 1872, marié à la princesse Augusta de Bavière;

f) — Le second fils, l'archiduc Ladislas-Philippe, né le 16 juillet 1875, est mort il y a peu de temps.

2. — GÉNÉALOGIE

DES

BOURBONS D'ANJOU

A — Bourbons d'Espagne.
B — Bourbons de Naples
  (*ou des Deux-Siciles.*) } BOURBONS d'Italie.
C — Bourbons de Parme.

A. — BOURBONS D'ESPAGNE

NOTICE GÉNÉRALE

sur les Bourbons d'Anjou

La Maison d'Anjou remonte à Philippe de Bourbon, duc d'Anjou, deuxième fils de Louis, dauphin, fils de Louis XIV et de Marie-Anne de Bavière, né le 19 décembre 1683, appelé au trône d'Espagne par testament de son parent Charles II et proclamé roi sous le nom de Philippe V, le 24 novembre 1700, après avoir solennellement renoncé, pour lui et ses successeurs, à tous droits sur la couronne de France.

Le 10 janvier 1724, Philippe V abdiqua en faveur de son fils aîné Louis-Ferdinand, prince des Asturies. La mort inattendue de Louis Ier, survenue le 31 août suivant, obligea Philippe V à reprendre le sceptre. Il mourut le 9 juillet 1746 et eut pour successeur son second fils Ferdinand VI. Ce prince mort sans postérité, le 10 août 1759, laissa le trône à son frère Charles III, mort le 14 décembre 1788. A Charles III succéda son fils Charles IV. Ce prince abdiqua le 19 mars 1808 en faveur de son fils Ferdinand VII, et mourut à Rome en 1819. Ferdinand VII, veuf pour la troisième fois et n'ayant pas d'héritier direct de sa couronne, épousa en quatrièmes noces sa cousine, Marie-Christine de Bourbon, fille de François Ier, roi de Naples (1829). Cette princesse, belle et intelligente, ne tarda pas à acquérir sur son faible époux un ascendant qui augmenta encore lorsqu'elle devint enceinte. C'est alors que l'ambitieuse princesse, craignant de n'avoir que des filles et que la mort de son époux ne lui enlevât l'autorité souveraine, profita de son influence sur Ferdinand VII, malade et languissant, pour obtenir de lui l'abrogation de la loi salique et de celle dite de Philippe V, qui n'accordait aux filles le droit d'hérédité qu'après l'extinction complète des mâles collatéraux (25 mars 1830). La reine, en effet, donna le jour à deux filles. A la mort de Ferdinand VII, survenue le 29 septembre 1833, et en vertu du nouvel ordre de succession, l'aînée des princesses fut proclamée reine, sous le nom d'Isabelle II. Née le 18 octobre 1830, elle épousa, le 10 octobre 1846, son cousin don François d'Assise, titré roi le même jour.

A Isabelle II, déposée le 30 septembre 1868, succéda, six ans après [1], son fils Alphonse XII, proclamé roi le 30 décembre 1874, mort le 25 novembre 1885.

Son jeune fils posthume, Alphonse XIII, né le

---

1. Le 30 septembre 1868, après la déchéance d'Isabelle II, la République fut proclamée; elle se maintint jusqu'au 16 novembre 1870, date de l'élection du duc d'Aoste. Amédée Ier ayant abdiqué le 11 février 1873, la République fut de nouveau proclamée et dura jusqu'à l'avènement d'Alphonse XII (30 décembre 1874).

18 mai 1886, est aujourd'hui roi, sous la tutelle de sa mère, la reine Marie-Christine.

Cependant, à la suite du décret établissant la nouvelle loi de succession, le frère de Ferdinand VII, Charles, comte de Molina, avait protesté et, à la mort du roi, 29 septembre 1833, Charles, héritier légitime du trône, prit le nom de Charles V. Il renonça à ses droits à la couronne d'Espagne, le 18 mai 1845, en faveur de son fils aîné, le comte de Montémolin, qui prit le nom de Charles VI. A sa mort arrivée en 1860, son fils aîné Jean III-Charles-Marie hérita de ses titres et prétentions. Il y avait renoncé le 3 octobre 1868, en faveur de son fils aîné, le duc de Madrid (Don Carlos, Charles VII) et est mort à Brighton, le 22 novembre 1887.

Don Carlos est le chef actuel des Bourbons d'Anjou.

Les deux branches espagnoles, salique, aînée ou carliste et régnante, féminine ou alphonsiste, se sont mêlées par suite du mariage d'Isabelle II avec Don François d'Assise. C'est un rameau cadet de la branche salique qui règne en la personne des enfants de François et d'Isabelle.

Les armes du royaume d'Espagne sont : *Écartelées ; au un, de gueules au château donjonné de trois tours d'or, maçonné de sable et fermé d'azur, qui est de Castille ; au deux, d'argent au lion de gueules, lampassé et armé d'or, qui est de Léon ; au trois, d'or à quatre pals de gueules, qui est d'Aragon ; au quatre, de gueules aux chaînes d'or, posées en croix, en sautoir et en orle, qui est de Navarre, enté en pointe, d'ar-*

gent à une grenade de gueules, ouverte d'or, posée en pal et feuillée de sinople, qui est de Grenade. Sur le tout d'azur à trois fleurs de lys d'or posées deux et un, bordé de gueules, qui est de Bourbon-Anjou.

Le diadème de Pélage, fondateur de la monarchie, était un simple cercle d'or, hérissé de fers de lance, arrachés aux guerriers maures tombés sous ses coups; mais aujourd'hui, les rois catholiques portent la couronne fermée, fleuronnée alternativement de croix et de perles, ce qui la différencie légèrement des autres couronnes royales, fleuronnées de feuilles d'ache.

Jusqu'à la chute de la reine Isabelle II, les armes furent simplement écartelées de Castille et de Léon; mais en septembre 1868, sur le rapport d'une commission spéciale, l'Académie historique décida que, dans l'écu national devaient être placées, d'après les règles héraldiques, les armes des principales provinces de la République espagnole. Ces nouvelles armes ont été conservées par Amédée Ier et Alphonse XII, sans autre changement que celui de la couronne qui, de murale, redevint royale, et du cœur de l'écu, qui supprimé par le gouvernement républicain, fut rétabli avec la croix de Savoie par Amédée, et les fleurs de lys par Alphonse XII.

L'origine de ces armes est assez curieuse.

Le château d'or de la Castille est un souvenir du premier fort élevé pour s'opposer aux incursions des Maures; le pays en a du reste pris son nom (castel, château).

L'Aragon et la Navarre font remonter à la bataille

de las Navas de Tolosa (1212) l'origine de leurs armes. Les chaînes qui composent le blason de la Navarre viennent de ce que Sanche-le-Fort, souverain de ce pays, rompit le premier, à la tête de la droite de l'armée chrétienne, les chaînes qui défendaient le camp des infidèles. L'Aragon attribue aussi à ce jour mémorable l'existence de ses pals de gueules, en redisant avec orgueil la tradition qui raconte que le roi Pierre II, commandant la gauche de l'armée chrétienne, appliqua sur son bouclier doré ses doigts teints du sang des Maures.

Le pavillon national espagnol est formé de trois bandes horizontales, les deux du haut et du bas, rouges, celle du milieu, jaune. Des deux étendards royaux, l'un est un agrandissement exact de l'écu, l'autre porte les armes couronnées et entourées du collier de la Toison-d'Or sur fond rouge-grenat.

L'ordre national le plus estimé est celui de la Toison-d'Or, qui fut institué par Philippe-le-Bon, duc de Bourgogne, le 10 janvier 1430, à Bruges, à l'occasion de son mariage avec Isabelle de Portugal. Son nom fut imité, soit du bélier de Jason, soit de l'histoire de Gédéon. A la mort de Charles le Téméraire (1477), l'ordre passa dans la maison d'Autriche, par le mariage de sa fille Marie avec l'archiduc Maximilien, puis dans celle d'Espagne, par Philippe II, fils de Charles-Quint. Les insignes de l'ordre sont une toison de bélier en or, suspendue par le milieu à un large ornement, bleu, rouge et or attaché à un collier d'or, formé de chiens de fusil de forme antique desquels partent des étincelles ardentes. Le ruban est rouge, chargé d'ornements bleu et or.

Les autres ordres espagnols sont, par rang d'ancienneté :

1° Calatrava (1158). — Croix ornée rouge et or, enfermée dans un losange rouge et or. En sommet casque d'or à trois plumes d'autruche, accolé de quatre drapeaux d'or. Ruban rouge.

2° Saint-Jacques de l'Épée (1170.) — Épée courte, en forme de croix ornée, rouge et or, sur fond blanc, entouré d'un cercle ovale, rouge et or. Même sommet que le précédent. Ruban rouge.

3° Alcantara (1176). — En tout semblable à Calatrava, mais en vert. Ruban vert.

4° Notre-Dame-de-Montesa (1317). — Croix pleine et alésée, rouge bordée d'or, sur fond blanc, enfermée dans un losange rouge et or. Même sommet que les précédents. Ruban rouge.

5° Toison d'Or (1430.)

6° Charles III (1771). — Croix de Malte à huit pointes perlées, bleu et or, bordée blanc et or, avec quatre fleurs de lys d'or dans les intervalles. Au centre médaillon ovale d'or, bordé bleu et or et supportant l'image de la Sainte-Vierge sur un croissant d'argent, vêtue d'azur et de blanc et rayonnante d'or. Couronne de laurier, en or. Ruban blanc, liséré de bleu.

7° Isabelle-la-Catholique (1815). — Croix de Malte à huit pointes perlées, chaque branche dentée entre les pointes, rouge et or ; trois rayons d'or dans chaque interstice. Au centre, médaillon rond blanc et or, renfermant divers attributs et l'inscription *A la lealtad acrisolada.* Couronne de lauriers verts. Ruban blanc liseré de jaune.

8° Isabelle II (1833). — Croix pattée à huit pointes arrondies, en argent. Au centre médaillon ovale, en argent, avec le monogramme **M. I.** (Marie-Isabelle), en noir. Couronne royale d'argent. Ruban bleu.

9° et 10° Mérite naval. — Ruban rouge, bande verticale jaune; et, enfin, Saint-Ferdinand, ordre militaire, à la croix lamée.

Le prince héritier d'Aragon portait le titre de duc de Girone; celui de Castille, le nom de prince des Asturies; c'est ce dernier qui a prévalu pour désigner les héritiers du trône d'Espagne.

LA MAISON D'ESPAGNE

La branche aînée des Bourbons d'Anjou ou branche espagnole comprend actuellement, par ordre de primogéniture et de succession éventuelle :

1º S. M. Isabelle II, reine douairière d'Espagne ;
2º Les deux enfants de la duchesse de Montpensier, ses neveu et nièce ;
3º Don Carlos, } branche salique.
4º Don Alphonse de Bourbon,
5º Mgr le duc d'Anjou,
6º Mgr le marquis de Santa-Elena,
7º Mme de Méquerria y Oyanguren,
8º Don François d'Assise,
9º Mme la princesse Amélie de Bavière,
10º Mmes les comtesses Gurowska,
11º M. le marquis de Guëll y Rente,
12º Don Pedro de Bourbon,
13º S. A. le prince de Bourbon,
} Ses cousins et cousines,

Et les divers enfants de ces princes ;
14º Les princes de la branche de Parme, descendants de Louis Ier de Parme, roi d'Etrurie, et de sa femme, fille de Charles IV et sœur de Ferdinand VII, Marie-Louise d'Espagne.

1° La reine Isabelle

Marie-ISABELLE II, reine douairière d'Espagne, princesse de Bourbon-Anjou,

Est née à Madrid,

Le 18 octobre 1830.

Elle est la fille aînée de Ferdinand VII, roi d'Espagne, et de la reine Marie-Christine de Bourbon-Naples, fille de François Ier, roi de Naples,

Et a succédé à son père, le 29 septembre 1833. Elle a été renversée par une révolution, le 30 septembre 1868.

Elle a épousé à Madrid,

Le 10 octobre 1846,

Son cousin-germain Don François d'Assise de Bourbon, comte de Tolède, titré roi le jour de son mariage.

Quatre enfants sont nés de cette union. (Voir plus loin.)

2° Les enfants de la duchesse de Montpensier

Le prince Antoine d'Orléans,

La Comtesse de Paris

Sont les enfants de feu le duc de Montpensier et

de l'infante Louise, deuxième fille de Ferdinand VII. (Voir plus haut.)

3° Don Carlos

Charles de Bourbon-Anjou, duc de Madrid, prétendant au trône d'Espagne et au titre inhérent de Majesté Catholique [1], sous le nom de Charles VII (depuis 1868), prétendant à celui de France sous le nom de Charles XI (depuis 1887) (Don Carlos Juanez [2]),

Est né ~~en Espagne~~ en Autriche,
En 1848.

Il est le fils aîné de feu Jean-Charles-Marie de Bourbon-Anjou, comte de Molina, duc d'Anjou, prétendant aux trônes d'Espagne (1860-68) et de France (1883-87) sous le nom de Jean III (Don Juan), né le 15 mai 1822, mort à Brighton, le 22 novembre 1887;

Et de la princesse Marie-Béatrice d'Este, fille de François V, duc de Modène, et sœur de la comtesse de Chambord.

Il a succédé à son père, par suite de la renonciation de ce dernier, le 3 octobre 1868.

---

1. Titre conféré par le pape Alexandre VI à Ferdinand et à Isabelle, après la prise de Grenade sur les Maures (1496), pour eux et leurs successeurs.
2. Juanez, fils de Jean. — Voir précédemment.

Il a épousé, à Froshdorff (Autriche),

Le 4 février 1867,

La princesse Marguerite de Bourbon-Parme, fille de Charles III, duc de Parme, assassiné en 1854 et petit-fils par sa mère du duc de Berry, née le 1er janvier 1847, morte à Viareggio (Italie), le 30 janvier 1893.

Cinq enfants sont nés de cette union :

Un fils :

1° JACQUES-Jean (Don Jayme) de Bourbon, comte de Molina, prince des Asturies, candidat de quelques-uns au trône de France, sous le nom de Jacques 1er, né le 27 juin 1870 ;

Et quatre filles :

2° Blanche de Bourbon (Doña Blanca Carléja [1]), née à Graetz (Auriche), le 7 septembre 1868, qui a épousé à Froshdorff (Autriche), le 24 octobre 1889, l'archiduc Léopold-Salvator, son cousin, fils de Ferdinand IV, grand-duc dépossédé de Toscane et de la princesse Alice, fille de Charles III, duc de Parme ;

3° ELVIRE-Marie-Thérèse-Henriette de Bourbon, née en 1871, qui a épousé morganatiquement, en novembre 1896, en France, le *Très Honoré* [2] Philippe Folchi, né en Italie, en 1861 ;

4° Marie-BÉATRICE-Thérèse-Charlotte de Bourbon, née en 1874 ;

---

1. Fille de Don Carlos. — Voir précédemment.
2. Épithète habituellement donnée dans les actes, à celui qui épouse une princesse, sans être lui-même de sang royal.

5° Marie-ALIX-Ildefonsine-Marguerite de Bourbon, née en 1876, qui a épousé, à Viareggio (Italie), le 11 novembre 1897, le prince Victor de Schaüenbourg-Waldembourg.

Devenu veuf, Don Carlos a épousé, en secondes noces, à Prague (Bohême), en mai 1894, la princesse Marie-BERTHE de Rohan.

Les Rohans portent : *De gueules à neuf losanges du même bordés d'or, posés trois, trois et trois.*

4° Don Alphonse

Don ALPHONSE-Charles de Bourbon-Anjou, comte de Montemolin[1], candidat de quelques-uns au trône de France, sous le nom d'Alphonse Ier (Alfonso),

Est né en Espagne,

Le 12 septembre 1849.

Il est le second fils de feu Don Juan de Bourbon, comte de Molina, et le frère puîné de Don Carlos,

Et a épousé

La princesse Marie de Bragance.

5° Le duc d'Anjou

Henri-FRANÇOIS-Marie de Bourbon-Anjou y Cas-

---

1. Les aînés des comtes de Molina portaient le titre de comte de Montemolin.

tellvy, d'abord duc de Bourbon puis, duc d'Anjou[1] et prétendant au trône de France sous le nom de François III, depuis le 21 juillet 1894,

Est né à Toulouse,

En 1853.

Il est le second fils (l'aîné, Henri II de Bourbon, duc de Séville, né à Toulouse, le 3 octobre 1848, marié à Joséphine Parade, est mort le 21 juillet 1894) de feu Henri Ier de Bourbon, duc de Séville, mort le 12 mars 1870, frère aîné de don François d'Assise et d'Hélène de Castellvy y Schelly Fernandez y Cordova,

Et a épousé à New-York,

En 1877,

Marie-Louise de la Torre y d'Arnanderas.

Devenu veuf, il s'est remarié à Madrid, en 1890, à Félisa de Léone de Balboa.

Six enfants sont nés de ces deux mariages :

Quatre fils :

Le duc de Cadix [1],

Le duc de Séville [1],

Le comte de Tolède [1],

Un autre prince,

Et deux filles.

---

1. Le titre de duc d'Anjou n'appartient plus aux descendants de Philippe V depuis l'avènement de ce prince au trône d'Espagne.

4.

6° Le marquis de Santa-Elena

Albert de Bourbon-Anjou, marquis de Santa-Elena,

Est le troisième fils de Henri Ier, duc de Séville et le frère du précédent,

Et a épousé, à Beaumont-de-Lomagne,

Marguerite d'Ast de Novélis.

7° Mme de Oyanguren

Marie-de-Oviédo de Bourbon-Anjou

Est la fille de feu Henri Ier, duc de Séville, et la sœur des précédents,

Et a épousé, à Madrid,

Charles-Ferdinand de Mequerria y Oyanguren.

8° Don François d'Assise

Don FRANÇOIS-D'ASSISE-Marie-Ferdinand de Bourbon-Anjou, d'abord comte de Tolède, puis roi d'Espagne, sous le nom de François Ier,

Est le second fils de feu l'infant François de Paule, duc de Cadix, troisième fils de Charles IV, et frère cadet de Ferdinand VII, et le frère puîné de feu Henri Ier, duc de Séville.

Il a épousé à Madrid,

Le 10 octobre 1846,

Isabelle II, reine d'Espagne. Titré roi le même jour, il fut renversé avec sa femme, le 30 septembre 1868.

Quatre enfants sont nés de cette union.
Un est mort :

1° ALPHONSE XII, François-d'Assise-Ferdinand-Pie-Jean-Marie, né le 28 novembre 1857, roi d'Espagne, le 30 décembre 1874, mort le 25 novembre 1885, marié en secondes noces, le 29 novembre 1879, à l'archiduchesse MARIE-CHRISTINE-Désirée-Henriette-Félicité-Rénière, née le 21 juillet 1858, fille de feu l'archiduc Charles-Ferdinand et de l'archiduchesse Elisabeth.

Trois enfants sont nés de cette union :
Un fils posthume :

a) Ferdinand-ALPHONSE XIII, né le 17 mai 1886, roi d'Espagne le même jour ;

Et deux filles :

b) Marie de las Mercédés de Bourbon, princesse des Asturies, princesse royale d'Espagne, reine de 1885 à 1886, née en 1880.

c) Marie-Thérèse de Bourbon, née en 1882.

Trois sont vivants,
Trois filles :

2° — Isabelle de Bourbon, veuve de Gaëtan de Bourbon-Naples, comte de Girgenti ;

3° — Maria della Paz de Bourbon, femme du prince Louis-Ferdinand de Bavière.

Deux fils : Ferdinand et Adalbert ;

4° — Eulalie de Bourbon, femme du prince Antoine de Montpensier.

Trois enfants. (Voir plus haut.)

9° La princesse Amélie

Amélie de Bourbon-Anjou

Est la fille de feu François-de-Paule et la sœur du précédent,

Et avait épousé

Feu Adalbert de Bavière.

Un fils :

Louis-Ferdinand de Bavière, marié à l'infante Maria della Paz. (Voir plus haut.)

10° Les comtesses Gurowska

Les princesses Marie-Christine et Marie-Isabelle de Bourbon, comtesses Gurowska,

Sont les filles de

Feu Isabelle de Bourbon-Anjou, née en 1819, morte à Paris, le 20 mai 1897, fille de feu l'infant François-de-Paule, et sœur des précédents, qui avait épousé le comte Gurowski.

Des neuf enfants nés de ce mariage, sept sont morts avant leur mère.

11° Le marquis de Guëll y Rente

Le marquis de Guëll y Rente

Est le fils du feu marquis de ce nom, et d'une fille de feu l'infant François-de-Paule, sœur des précédents.

Une fille lui est née, le 10 août 1888.

12° Don Pedro

Pierre (don Pedro) de Bourbon-Anjou

Est le fils aîné de feu l'infant Sébastien et de la princesse Marie-Christine de Bourbon, sixième enfant de feu François-de-Paule, sa seconde femme (?).

13° Le prince de Bourbon

Le prince de Bourbon-Anjou

Est le second fils de feu l'infant Sébastien et le frère du précédent.

Nota. — Le duc d'Ansola, troisième fils de feu l'infant Sébastien, est mort il y a quelques années.

B. — BOURBONS DE NAPLES

Généalogie

Les Bourbons de Naples descendent de Charles de Bourbon, troisième fils de Philippe V, roi d'Espagne, né d'Elisabeth Farnèse, princesse héritière de Parme, sa seconde femme, premier roi de Naples de cette maison, roi le 3 octobre 1735, qui régna sous le nom de Charles VII. Devenu roi d'Espagne sous le nom de Charles III, à la suite de la mort de son frère aîné Ferdinand VI, qui n'avait pas laissé de postérité, il abdiqua le trône des Deux-Siciles, le 10 août 1759, après vingt-quatre ans de règne, en faveur de son troisième fils, Ferdinand IV ou Ier comme Bourbon. Ferdinand Ier, mort en 1825, eut pour successeur son fils François Ier (1825-1830), auquel succéda son fils Ferdinand V ou II (1830-1859). A la mort de Ferdinand II, son fils François II lui succéda. Vaincu par Victor-Emmanuel II, le premier roi d'Italie, ce prince devait être le dernier roi de Naples (1859-1860). François II (Marie-Léopold), était né à Naples, le 16 janvier 1836. Il était l'aîné des dix enfants de Ferdinand II et de la reine sainte Marie-Christine de Sardaigne, fille du roi Victor-Emmanuel Ier et première femme du roi de Naples. Marié le 3 février 1859 à la princesse MARIE-Sophie de Bavière, troisième fille du duc Max, il succéda à son père, le 22 mai 1859. Détrôné le 7 septembre 1860, il est mort en exil, à Arco (Tyrol), le 27 décembre 1894.

François II n'a jamais eu qu'une fille, née à Rome et morte à neuf mois.

Les anciens emblèmes des Deux-Siciles étaient, pour Naples, un cheval gai, effaré et contourné d'argent sur champ de gueules, et pour la Sicile, la trinacrie : trois jambes mouvantes en cœur d'une tête de Méduse, aussi d'argent sur champ de gueules. Mais les véritables armes du royaume des Deux-Siciles étaient : *Écartelées : au un, d'azur semé de fleurs de lys d'or, à la bordure componée d'argent et de gueules ; au deux, contre-écartelé en sautoir, aux un et deux, de gueules à six vergettes*[1] *d'or, aux trois et quatre, d'argent à une aigle éployée de sable, couronnée du même ; au trois, d'argent à la quintuple croix de Saint-Jean-de-Jérusalem d'or ; au quatre, d'azur semé de fleurs de lys d'or, surmontées d'un lambel de trois pendants de gueules ; sur le tout d'azur aux trois fleurs de lys d'or, posées deux et un bordé de gueules.*

Le pavillon national était formé de cinq bandes horizontales, alternativement jaunes et rouges, la jaune du milieu ayant le double de largeur. L'étendard royal était blanc, timbré aux armes.

L'héritier du trône, après avoir porté d'abord le titre de prince de Salerne, porta ensuite, et jusqu'a la chute du royaume, celui de duc de Calabre.

---

1. D'autres disent trois pals.

LA MAISON DE NAPLES

La seconde branche des Bourbons d'Anjou, ou branche de Naples, comprend actuellement, par ordre de primogéniture et de succession éventuelle :

1° Mgr le comte de Caserte ;

2° Mgr le comte de Bari, son frère ;

3° Mme l'archiduchesse veuve Charles Salvator sa sœur ;

4° Mme la princesse de Hohenzollern, sa nièce ;

5° LL. AA. le prince Louis-Alphonse et le prince Philippe, ses cousins ;

6° Mme la comtesse de Caserte ;

7° Mme la comtesse Zamoyski ;

8° les descendants de feu l'impératrice du Brésil ;

9° les princes de la branche de Parme et ceux de la maison de Toscane, issus de feu Marie-Thérèse de France, sœur de Henri V et femme du duc de Parme Charles III, fille du duc de Berry et de Marie-Caroline de Naples, mariée en 1817, fille de François Ier (voir plus loin) ;

10° M. le duc Della Grazia ;

11° S. M. la reine Isabelle II d'Espagne et la

duchesse veuve de Montpensier, sa sœur, issues de Ferdinand VII, roi d'Espagne, et de la princesse Marie-Christine de Naples, fille de François Ier;

12º Les princes d'Orléans, descendant de Louis-Philippe et de la princesse Marie-Amélie de Naples, fille de Ferdinand Ier;

Et des divers enfants de ces princes, ses cousins.

Nota. — Feu l'archiduc Charles-Louis, frère cadet de l'Empereur d'Autriche, mort en 1896 avait épousé en deuxièmes noces, une princesse de Naples. Devenu veuf, il s'est remarié en troisièmes noces. J'ignore si ses enfants sont issus de ce second mariage.

1º Le comte de Caserte

Alphonse de Bourbon-Siciles, comte de Caserte, prétendant au trône de Naples et de Sicile et au titre inhérent de Majesté Magnificissime sous le nom [1] d'Alphonse III,

Est le second fils de Ferdinand II, roi des Deux-Siciles et l'aîné de sa seconde femme, née archiduchesse d'Autriche,

Et a succédé à feu le roi FRANÇOIS II Marie-Léopold son frère consanguin, né à Naples en 1836, mort en 1894, le 27 décembre 1894.

---

1. Guillaume Ier dit le Mauvais, prit, le premier, le titre de Magnificence (1166), presque abandonné après lui.

Il a épousé, en 1868,

Sa cousine, la princesse Marie-Antoinette de Bourbon-Siciles, fille de feu le comte de Trapani et de l'archiduchesse Marie-Isabelle de Toscane-Autriche.

De ce mariage sont nés onze enfants, sept fils :

1° Ferdinand de Bourbon, duc de Calabre, qui a épousé à Munich, le 31 mai 1897, la princesse Marie de Bavière ;

2° Charles de Bourbon, et cinq autres. Le septième est né le 13 janvier 1897.

Et quatre filles.

2° Le comte de Bari

Pascal de Bourbon-Siciles, comte de Bari,

Est né au château de Caserte,

Le 15 septembre 1852.

Il est le troisième fils de Ferdinand II, et le frère du précédent et de feu François II,

Et a épousé

Mademoiselle de Marconnay.

Un fils est né de cette union :
Henri-Gabriel-Robert de Bourbon.

3° L'archiduchesse Salvator

Marie-Immaculée de Bourbon-Siciles

Est fille de Ferdinand II et sœur des précédents et de feu François II,

Et a épousé

Feu l'archiduc Charles-Salvator de Toscane-Autriche, second fils de Léopold II, grand-duc de Toscane, et frère du grand-duc Ferdinand IV; mort le 3 août 1893.

De cette union sont nés six enfants.
Une est morte :
Marie-Antoinette-Immaculée, née en 1873, morte à Arco (Tyrol), en 1890.

Cinq sont vivants :
Quatre fils :

1° L'archiduc Léopold-Salvator ;

2° L'archiduc François ;

3° L'archiduc Albert ;

4° Un autre fils

Et une fille

5° L'archiduchesse Caroline-Immaculée, mariée le 31 mai 1894, au prince Auguste-Léopold de Saxe-Cobourg-Gotha.

4° la princesse de Hohenzollern.

Marie-Thérèse de Bourbon-Siciles

Est née en 1868.

Elle est la fille de feu Louis de Bourbon, comte de Trani, mort en juin 1886, fils de Ferdinand II et frère de François II et de la princesse Mathilde de Bavière, quatrième fille du duc Max en Bavière,

Et a épousé,

En 1889,

Guillaume, prince héritier de Hohenzollern, *né* en 1865.

5° Les princes Louis et Philippe

Louis-Alphonse de Bourbon-Siciles, comte d'Aquila,

Est le fils aîné de feu Louis de Bourbon-Siciles, comte d'Aquila, né en 1824, mort à Paris, le 5 mars 1897, fils de François Ier, roi de Naples et frère de Ferdinand II, et de la princesse Januaria de Bragance, sœur de Dom Pedro II, empereur du Brésil.

Il a épousé

Mademoiselle Hamel.

Philippe de Bourbon-Siciles
Est le frère cadet du précédent.
Il a épousé la comtesse d'Espina.

6° La comtesse de Caserte

Marie-Antoinette de Bourbon-Siciles

Est la fille de feu le comte de Trapani, fils de François Ier, et frère du feu comte d'Aquila, et de l'archiduchesse Marie-Isabelle de Toscane-Autriche.

Elle a épousé le comte de Caserte. (Voir plus haut.)

7° La comtesse Zamoyski

Caroline de Bourbon-Anjou
Est la sœur de la précédente,
Et a épousé
Le comte André Zamoyski.

8° Les descendants de l'impératrice du Brésil

Isabelle de Bragance, ex-Princesse impériale du Brésil,

Est fille de feu Dom Pedro II, empereur du Brésil, et de feu l'impératrice THÉRÈSE-Christine-Marie de Bourbon, née à Naples en 1822, morte à Oporto le 28 décembre 1890, mariée les 30 mai-4 septembre 1843, fille de François Ier.

Elle a épousé le comte d'Eu. (Voir plus haut.)

PIERRE-Auguste et Ferdinand de Saxe-Cobourg-Gotha

Sont fils du prince Louis-Auguste de Saxe-Cobourg-Gotha, et de feu la princesse Léopoldine, sœur de la précédente. (Voir plus haut) *(9° idem.)*

10° le duc della Grazia

Le duc della Grazia

Est le fils du feu duc du même nom, fils lui-même du comte Lucchesi di Palli et de la duchesse veuve de Berry, MARIE-CAROLINE-Thérèse de Naples, fille aînée de François Ier, mariée au duc de Berry en 1816, veuve le 13 février 1820, et remariée, en secondes noces, au comte Lucchesi (vers 1822).

Il a épousé

La comtesse de Waldeck, fille de l'archiduc Henri d'Autriche.

NOTA. — L'autre enfant du comte Lucchesi et de la duchesse de Berry, Anne-Marie-Rosalie, née à Blaye, le 10 mai 1833, est morte en 1837. (11°, 12 Voir plus haut.)

C. — BOURBONS DE PARME

Généalogie

Les Bourbons de Parme descendent de Philippe de Bourbon, né en 1720, quatrième fils de Philippe V, né d'Elisabeth Farnèse, qui devint duc de Parme, Plaisance et Guastalla, du chef de sa mère, héritière de cet État, le 30 avril 1748. Mort en 1765, il eut pour successeur son fils aîné, Ferdinand (1765-1801), né de Louise-Élisabeth, fille de Louis XV, qu'il avait épousé en 1738.

Le duché de Parme envahi en 1800, occupé en 1802 par les armées françaises, fut définitivement annexé à la France en 1808 et fut plus tard divisé en deux parties par Napoléon : le duché de Guastalla fut donné à sa sœur Pauline Borghèse le 30 mars 1806 ; celui de Parme à Cambacérès, le 1er mars 1808. Il ne recouvra son indépendance qu'en 1815.

Le 9 février 1801, la Toscane, enlevée au grand-duc, avait été érigée en royaume d'Etrurie et donnée au prince Louis de Parme, fils du duc Ferdinand.

Louis Ier, mort en 1803, eut pour successeur son fils Charles-Louis II, lequel régna jusqu'en 1807. En effet, le 27 octobre 1807, le nord du Portugal fut donné au jeune roi d'Etrurie qui céda la Toscane à la France et devint prince de Lusitanie. Il conserva ce nouveau titre jusqu'au 1er mars 1808. De 1808 à 1814, Charles-Louis vécut en exil.

En 1814, les alliés ayant attribué, dans le partage de l'Empire, le duché de Parme à l'impératrice Marie-Louise, femme de Napoléon Ier, donnèrent en compensation, avec assurance de réversibilité, la principauté de Lucques, réversible à son tour à la Toscane, à Charles-Louis Ier.

Il y régna de 1814 à 1847, moment où rappelé à Parme par la mort de Marie-Louise, il remonta sur le trône de ses ancêtres. Il abdiqua en 1849. Charles II, son fils, lui succéda (1849-1854). Ferdinand-Charles III, fils de Charles II, régna après lui; il mourut assassiné en 1855, laissant le trône à son fils mineur, Robert, qui fut détrôné par les troupes italiennes, en 1859, et fut le dernier duc de Parme.

Charles, troisième fils de Philippe V, qui fut roi de Naples (Charles VII) et roi d'Espagne (Charles III) avait été duc de Parme (Charles Ier) de 1731 à 1735.

Ce prince, né en 1716, épousa Marie de Saxe, dont il eut Charles IV.

On sait que les deux fils aînés de Philippe V, Louis Ier et Ferdinand VI, étaient nés de sa première femme, Marie-Louise de Savoie.

Les armes du duché de Parme étaient : *D'azur à une fleur de lys d'or.*

Le pavillon national était mi-bleu, mi-jaune, en deux bandes horizontales. L'étendard ducal était blanc, timbré aux armes.

LA MAISON DE PARME

La troisième branche des Bourbons d'Anjou ou Bourbons de Parme comprend actuellement, par ordre de primogéniture et de succession éventuelle :

1° Mgr le duc de Parme ;

2° Mgr le comte de Bardi, son frère ;

3° Mme la grande-duchesse de Toscane, sa sœur,

4° Les enfants de la duchesse de Madrid, ses nièces et neveux ;

5° La branche entière des Bourbons d'Espagne, descendants de Charles IV et de Marie-Louise de Bourbon-Parme, sa cousine, père et mère de Ferdinand VII, de don Carlos V et de dom François de Paule.

Marie-Louise était fille de Philippe, duc de Parme.

1° Le duc de Parme

Robert de Bourbon-Parme, duc de Parme, de Plaisance et de Guastalla, prince d'Etrurie (Toscane), prince de Lusitanie (Portugal), prince de Lucques.

Est le fils aîné de feu Charles III, duc de Parme, mort en 1855 et de la princesse Marie-Thérèse de France, fille du duc de Berry et sœur de Henri V, morte en 1864.

Le duc Robert a dix enfants :
Trois fils
Et sept filles :
L'une d'elles, Marie-Louise de Bourbon-Parme, née le 17 janvier 1870, a épousé, Ferdinand 1er, prince de Bulgarie. (Voir plus haut.)

Il avait succédé à son père, sous la régence de sa mère, en 1855, et a été renversé par les troupes italiennes, en 1859.

2° Le comte de Bardi

Le comte de Bardi

Est le second fils du duc Charles III, père du précédent.

Il a épousé

La princesse Aldegonde de Bragance.

3° La grande-duchesse de Toscane

Alice de Bourbon-Parme

Est fille du duc Charles III et la sœur des précédents,

Et a épousé, en 1868,

Ferdinand IV, grand-duc de Toscane, fils de Léopold II, grand-duc de Toscane, archiduc d'Autriche.

Deux enfants sont nés de cette union :
Deux fils :

1° L'archiduc Léopold-Salvator, marié à la princesse Blanche, fille de Don Carlos. (Voir plus haut.)

2° L'archiduc François-Salvator, qui a épousé, à Ischl (Autriche), le 28 juillet 1892, l'archiduchesse Marie-Valérie, fille de l'empereur d'Autriche. De ce mariage est née, le 26 janvier 1894 :
Une fille.

4° Les enfants de don Carlos

Issus de ce prince et de sa femme, la princesse Marguerite, fille du duc Charles III et sœur des précédents. (Voir plus haut.)

HISTOIRE DES DAUPHINS
du Viennois.

Origine du titre de dauphin

L'héritier présomptif du trône porte, dans certaines monarchies, un nom spécial auquel s'ajoutent le nom de prince, commun aux enfants des souverains (sauf en Espagne et en Portugal, où les princes sont appelés infants; en Autriche, où on les nomme archiducs, et en Russie, où ils s'appellent grands-ducs), et, généralement, un titre nobiliaire.

Dans l'Empire d'Occident, c'était le césar; dans celui d'Orient le porphyrogénète; en Russie, c'est le tzaréwitch, qui est en même temps hetman des Cosaques; en Allemagne et en Autriche, c'est le kronprinz, autrefois roi des Romains; en Grèce, c'est le diadoque, duc de Sparte; en Chine, c'est le hoang-taï-tsé. Dans l'ancienne Irlande, c'était le roydamna, et, en France, le dauphin.

Je n'ai pas l'intention d'entamer, dans cette brochure, une histoire de France, ou même de Navarre; des historiens plus savants que moi ont écrit suffisamment sur ces deux sujets, mais je veux dire ici quelques mots des anciens dauphins.

Le nom de l'ancienne province du Dauphiné a une origine très discutée. Selon les uns, ce pays tirerait son nom de Guigues IV, quatrième comte de Viennois, qui porta le prénom de Delphin (*delphinus*, dauphin), qu'il avait reçu au baptême; selon d'autres, ce même prince, ayant pris un dauphin pour emblème dans les tournois, fut appelé d'abord le Chevalier du Dauphin, puis tout simplement le Dauphin.

D'après une troisième version enfin, plusieurs membres de cette famille auraient pris des dauphins comme cimiers de leurs casques, de là ce titre que portaient tous les souverains viennois.

Les dauphins (vers 1000-1343 ou 1349) [1]

Du vivant même de Boson, fondateur du royaume de la Bourgogne-Cisjurane (879-888 ou 90), les seigneurs qui l'avaient élu s'affranchirent et se déclarèrent héréditaires dans leurs fiefs. De ce nombre furent les comtes de Valentinois, de Grignan, de Diois, de Sassenage, d'Albon, etc., qui occupaient alors le territoire appelé plus tard le Dauphiné.

A la fin du IXe siècle, l'un deux, Guigues ou Guy, comte d'Albon (889), fut le chef de la puissante famille qui devait plus tard gouverner glorieusement le pays tout entier.

Le premier comte de Viennois connu est Charles-Constantin (vers 930), fils unique de Louis l'Aveugle, second et dernier roi de Bourgogne-Cisjurane, mort en 928 ou 29, et petit-fils de Boson, lequel fut dépos-

---

[1]. Presque tous les éléments de cette histoire ont été puisés dans la « Biographie universelle ».

sédé de ses États par Hugues de Provence, roi d'Italie, alors tout-puissant, et qui ambitionnait la couronne impériale d'Occident, qui ne lui laissa que le comté de Vienne, et donna le reste à Rodolphe II, roi de la Bourgogne-Transjurane, qui prit dès lors, le titre de roi d'Arles (933), pour se débarrasser de la compétition de Rodolphe à l'Empire. Le Viennois fut, par la suite, réuni à ce royaume. Cependant Rodolphe III, dernier roi d'Arles, n'ayant pas d'enfants, menacé à cause de la faiblesse de son caractère, par des révoltes continuelles, et désirant y mettre un terme, avait désigné pour son héritier Henri II, empereur d'Allemagne : mais ses grands vassaux lui contestèrent ce droit, et refusèrent de se soumettre, ce qui occasionna une guerre de plusieurs années. Lorsque Rodolphe mourut, en 1032, Conrad le Salique, successeur de Henri II, ne put réunir à l'Empire qu'une portion du royaume d'Arles; le reste fut démembré et ces débris formèrent les comtés de Viennois, de Savoie et de Provence.

Guy ou Guigues V, dit le Vieux, alors comte d'Albon, ne possédait que ce comté et quelques autres terres, près de Grenoble. Profitant habilement des troubles qui agitaient le royaume d'Arles, il accrut considérablement ses domaines, les fit ériger en principauté, et prit le titre de comte de Viennois. Il est connu sous le nom de Guigues Ier.

Guigues Ier dit le Vieux, mort en 1075

Guigues le Vieux, premier comte de Viennois de la famille d'Albon, fut la tige des dauphins. Il mourut en 1075, dans un âge très avancé, après avoir fondé et doté plusieurs établissements pieux, et avoir pris l'habit monastique à Cluny.

Guigues II dit le Gros (1075-1080)

Guigues II, son fils, lui succéda. Vers 1075, Henri IV, empereur d'Allemagne, ayant été excommunié par le pape saint Grégoire VII, plusieurs seigneurs puissants s'emparèrent d'une partie de ses États. Othon, comte de Flandre, prit la Franche Comté, Bérenger conquit la Provence, et Guigues le Gros occupa le reste du Dauphiné. A partir de cette époque, les comtes de Viennois règnent sur tout le territoire de l'ancienne province du Dauphiné, soit trois de nos départements : l'Isère en entier, et la plus grande partie de la Drôme et des Hautes-Alpes. Le Gapençois, l'Embrunois et le Faucigny seuls ne furent réunis que plus tard.

Guigues le Gros mourut en 1080, laissant également plusieurs legs pieux.

Guigues III (1080-1120)

Son fils et successeur, Guigues III, eut de violents démêlés avec l'évêque de Grenoble, saint Hugues, et fut contraint d'abandonner certains privilèges pour avoir la paix. Il fonda le monastère de Chalais, et mourut en 1120.

Guigues IV (1120-1142 ou 49)

Fils et successeur du précédent, Guigues-Delphin

régna sous le nom de Guigues IV. C'est le premier prince viennois qui ait pris le titre de dauphin. Ce prince fut un grand homme de guerre il s'illustra dans les guerres contre la Savoie, guerres qui commencèrent sous son règne et devaient remplir toute la suite de l'histoire des dauphins. Il mourut en 1142 ou 1149, d'une blessure qu'il avait reçue, près de Montmélian, dans un combat contre le comte de Savoie.

Sa femme Marguerite, fille d'Étienne, comte de Bourgogne, et nièce du pape Calixte II, gouverna sagement pendant la minorité de ses enfants.

Guigues V (1142 ou 49-1162

Guigues V, fils de Guigues IV, était âgé de dix ans seulement étant né en 1132. Il brilla, dès sa jeunesse, à la cour de l'empereur Frédéric Ier, gagna l'amitié de ce prince, son suzerain, et obtint, entre autres privilèges, le droit de faire battre monnaie. Il fut battu, en 1153, devant Montmélian, par saint Humbert III, comte de Savoie, et mourut en 1162, à l'âge de trente ans, laissant à sa mère la régence du Dauphiné. Comme il n'avait point été marié, sa sœur Béatrix lui succéda.

Béatrix (1162)
et Hugues de Bourgogne (1188-1192)

Béatrix régna seule jusqu'en 1188, année où elle épousa Hugues V, duc de Bourgogne, fils du duc Eudes II, auquel il avait succédé en 1162, après que ce prince eut répudié sa première femme, Alix de Lorraine. Hugues V, s'étant croisé pour la seconde fois en 1189, mourut près de Jérusalem en 1192. Son fils aîné, Eudes III, qu'il avait eu de sa première femme, lui succéda en Bourgogne.

Guigues VI, mort en 1236

Guigues-André, fils d'Hugues et de Béatrix, régna sous le nom de Guigues VI. Il réunit à ses États le Gapençois et l'Embrunois, que lui apporta en dot sa femme Marie, petite-fille du comte de Forcalquier. Il répudia ensuite cette princesse sous prétexte de parenté, et épousa en secondes noces, Béatrix, fille du marquis de Montferrat. Il mourut en 1236, laissant de ce second mariage un fils, qui régna après lui.

Guigues VII (1236-1270)

Guigues VII épousa Béatrix, fille de Pierre, comte de Savoie, et reçut d'elle, en dot, le Faucigny. Il mourut en 1270, laissant ses États à son fils Jean. Il avait, le premier, pris pour armoiries un dauphin recourbé d'azur, crêté, barbé et oreillé de gueules, sur champ d'or.

Jean Ier (1270-1282)

Jean Ier étant mort sans enfants, après un règne calme et paisible de douze ans, sa sœur Anne devint dauphine du Viennois (1282).

Anne (1282-1296) et Humbert Ier (1282-1307)

Le Dauphiné changea alors de maison régnante, et passa de celle d'Albon à celle de la Tour-du-Pin-Coligny, par le mariage de la dauphine Anne avec Humbert Ier.

Humbert, fils cadet d'Albert III, seigneur de la Tour-du-Pin-Coligny, naquit en 1240, et devint, à la mort d'Albert IV, son frère aîné, le chef de sa maison, par suite de l'abandon que ses deux autres frères lui firent de leurs droits. Il épousa, en 1273, la princesse Anne, fille de Guigues VII, et obtint en 1282, par suite de cette union, la totalité des États du Viennois. Humbert eut à soutenir de nombreuses guerres pour défendre ses possessions, tantôt contre Robert III, duc de Bourgogne, qui les revendiquait comme le plus proche héritier mâle du dauphin Jean, prétendant que cette province était un fief masculin de l'Empire, et que l'investiture de l'empereur Rodolphe lui en avait donné la propriété; tantôt contre le comte de Savoie. Mais Philippe le Bel indemnisa Robert, et rétablit la paix entre ces trois princes. Humbert gouverna avec sagesse, fit reconnaître son fils Jean pour son successeur, et mourut en 1307, au couvent des Chartreux du Val-Sainte-Marie, près de Valence. Anne l'avait précédé au tombeau en 1296.

Jean II (1307-1318)

Jean II, fils d'Humbert et d'Anne, naquit en 1279. Envoyé à la cour de France dans sa jeunesse, il accompagna Philippe le Bel dans son expédition contre les Flamands et s'y distingua. Il mourut en 1318, regretté de ses sujets, et laissant deux fils, dont l'aîné lui succéda.

Guigues VIII (1318-1332)

Guigues VIII est un des plus grands princes qui aient régné sur le Dauphiné. Né en 1308, il épousa en 1323, Isabelle, troisième fille de Philippe le Long. En guerre de nouveau, avec la Savoie, il remporta, après quelques alternatives de succès et de revers, une victoire signalée sur le comte Édouard, dans la plaine de Varey, victoire qui décida le comte de Savoie à conclure la paix. Aubert-Aymar du Terrail, quintisaïeul de Bayard, et Robert, son fils, combattirent tous deux, à cette journée, aux côtés du dauphin. Aubert mourut deux jours après, de ses blessures.

Guigues VIII amena ensuite ses troupes au service de Charles IV et commandait la septième ligne à la bataille de Cassel (1328). Guigues s'étant ensuite fait le défenseur des prétentions de Jeanne de Savoie, fille du comte Édouard et femme de Jean III, duc de Bretagne, à l'héritage de son père, attaqua le nouveau comte de Savoie, Aymon frère d'Édouard. C'est pendant cette campagne que le dauphin fut tué devant le château de Voiron, en 1332 ou 33, à l'âge de 24 ans. Sa mort rétablit momentanément la paix, et son frère lui succéda sans difficultés.

Humbert II (1332-1343 ou 49)
puis Philippe de France (1343 ou 49-1350 ou 57)

Humbert, destiné à être le dernier dauphin, naquit en 1312, et succéda, en 1332, à son frère Guigues VIII, fils aîné de Jean II. La puissance des comtes de Viennois atteint alors son apogée, et cette même année, Louis V, empereur d'Allemagne, accorda au dauphin Humbert le titre de Roi du royaume de Vienne. Ce prince, après avoir signé la paix avec Aymon de Savoie, fit partie en 1336 de la ligue des seigneurs de Bourgogne contre leur duc Eudes IV. En 1337, la guerre recommence avec Aymon de Savoie, et au combat de Marches, Robert du Terrail, fils d'Aubert-Aymar, et quadrisaïeul de Bayard, est tué.

On a reproché à Humbert II d'avoir accablé ses peuples d'impôts, pour subvenir aux besoins des guerres qu'il eut à soutenir; mais du moins, il fortifia ses frontières, les fit respecter par ses voisins, fonda une université à Grenoble et encouragea les lettres.

Cependant le roi Humbert, ayant perdu son fils unique, et se voyant sans héritiers proches, se prit de mélancolie et d'inquiétude pour l'avenir de son pays, et s'arrêta enfin à une grande résolution : le 23 avril 1343 (selon d'autres, le 30 mars 1349), il céda tous ses États au prince Philippe de France, duc d'Orléans, et fils puîné du roi Philippe VI de Valois, au prix de 100 ou 120,000 florins d'or (d'autres disent 40,000 écus d'or, et une pension viagère de 10,000 livres), à condition que le Dauphiné demeurerait à jamais l'apanage d'un prince français ; que ce prince porterait le titre de dauphin, et joindrait les armes du Viennois aux siennes propres [1]. D'après le troisième article du traité, le prince investi du titre de dauphin devait exercer l'autorité souveraine dans le Dauphiné ; mais après la mort du jeune prince Philippe (il régna 7 ans), et celle d'Humbert, les rois de France se contentèrent de donner simplement le titre de dauphin à leurs fils aînés, gardant pour eux l'autorité. Charles V est le premier qui ait porté le titre de dauphin de France, avec les armes des Valois écartelées de celle du Dauphiné (1350 ou 57), et depuis ce prince, le titre de dauphin n'a été porté que par l'héritier présomptif de la couronne.

Quant à Humbert II, il se croisa en 1345, et partit pour la Terre sainte. Revenu à Grenoble après quelques succès de peu d'importance, en 1347, il embrassa la vie ecclésiastique, prit l'habit de Saint-Dominique dans le couvent de Beauvoir, et fut nommé en 1352 patriarche d'Alexandrie et administrateur de l'archevêché de Reims. Il mourut en 1355, à Clermont en Auvergne.

Le dernier dauphin de France a été le duc d'Angoulême, fils aîné de Charles X, qui porta ce titre jusqu'en 1830, époque où le roi, renversé par la Révolution de Juillet, et lui-même, abdiquèrent le même

---

[1]. Et non pas à condition, comme on le dit quelquefois à tort, que le fils aîné du roi de France, porterait le titre de dauphin.

jour, en faveur du comte de Chambord, leur neveu et petit-fils, et prirent le chemin douloureux de l'exil [1].

Sous Louis-Philippe, roi bourgeois et libéral par excellence, il n'y eut pas de dauphin; mais le comte de Paris, devenu l'unique chef des Bourbons de France, a renoué avec les glorieuses traditions du passé et autorisé, en 1890, son fils aîné, le duc d'Orléans, à relever les armes delphinales. Le jeune duc de Montpensier est actuellement le dauphin. Les armes spéciales du dauphin, héritier du trône de France, sont : *Écartelées, aux un et quatre, d'azur aux trois fleurs de lys d'or, qui est de France; aux deux et trois, d'or au dauphin recourbé d'azur, crêté, oreillé et barbé de gueules, pour le Dauphiné;* l'écu surmonté d'une couronne fermée, dont les huit fleurons sont des fleurs de lys et les quatre montants, des dauphins. En sommet, une fleur de lys.

Les couleurs du Dauphiné étaient le jaune-aurore et l'azur.

LISTE DES DAUPHINS DE FRANCE

1° Philippe de France, duc d'Orléans, second fils de Philippe VI de Valois, premier dauphin, de 1343 ou 49 à 1350 ou 57. (Son frère aîné, qui fut plus tard

---

1. Charles X est mort à Goritz (Autriche), en 1836 (6 nov.). Louis-Philippe est mort à Claremont (Angleterre).

Jean-le-Bon, porta le titre de duc de Normandie.)

2° Tous les rois de France, du vivant de leurs prédécesseurs, depuis Charles V, qui porta ce titre et aussi celui de duc de Normandie de 1350 ou 57 à 1364, jusqu'à Charles X, qui le porta de 1795 à 1824.

3° Plusieurs princes qui moururent avant leur père :

Louis, duc d'Aquitaine et Jean, morts en 1415 et 1416, frère aînés de Charles VII ;

Roland, fils aîné de Charles VIII, et successivement ses deux frères ;

Le fils aîné de François Ier, mort en 1536 ;

François, duc d'Alençon et d'Anjou, quatrième fils de Henri II (1554-1584) ;

Louis, fils de Louis XIV, mort en 1711 (le Grand-Dauphin) ;

Louis, duc de Bourgogne, son fils, mort en 1712 ;

Louis, duc de Bretagne, son fils, frère aîné de Louis XV, quelques jours seulement, 1712 ;

Louis, fils de Louis XV, mort en 1765 ;

Louis, fils aîné de Louis XVI, mort en 1789 ;

4° Louis, duc d'Angoulême, fils aîné de Charles X, dernier dauphin de la monarchie, qui porta ce titre de 1824 à 1830.

Le titre de dauphin supprimé pendant soixante ans, de 1830 à 1890, est relevé par le comte de Paris, qui le donne à son fils aîné :

5° Philippe, duc d'Orléans, qui l'a porté de 1890 à 1894 ;

6° Ferdinand, duc de Montpensier, depuis 1894.

CHOSES ET AUTRES

Anecdotes diverses sur les Bourbons.

Un descendant de Henri III. — Le comte de X...

Lorsque le prince français, qui devait être bientôt après le roi Henri III, régnait en Pologne, il s'éprit d'une jeune fille appartenant à une des plus nobles familles du pays, et l'épousa publiquement. Il eut d'elle un fils, qu'il titra duc d'Aquitaine, en souvenir de sa patrie.

Malheureusement pour la jeune femme de Henri III, Charles IX vint à mourir, et comme Henri préférait de beaucoup régner en France que sur les Polonais, fiers et insoumis, il s'enfuit, comme on sait, de Varsovie, comme un malfaiteur, abandonnant son trône, sa femme et son fils. Devenu roi de France, Henri III, qui avait complètement oublié la belle comtesse polonaise, épousa Louise de Lorraine-Vaudémont, dont il n'eut, du reste, pas d'enfants.

Sa première femme, trop fière pour réclamer son rang, resta en Pologne et éleva seule le petit duc d'Aquitaine, qui devenu grand, abandonna ce titre, prit le nom de sa mère, se maria, et fit souche de Valois polonais, dont le comte de X... (dont on tait le nom, par discrétion, vu qu'il est exempt de toute ambition et n'a nulle envie de faire valoir ses droits) est aujourd'hui le descendant direct.

Cette histoire, toute nouvellement connue, est

absolument authentique, et l'arbre généalogique, absolument clair, du comte, est indiscutable.

Le dernier descendant des Valois, qui habite Paris, n'a pas d'enfants [1].

Bourbons et Valois. — M. de Mun.

Il existe actuellement deux Bourbons authentiques, descendants de lignes naturelles ; l'un habite Paris, l'autre, dont la lignée remonte aux Croisades, est un Arabe, Mohamed-ben-Bourbon, et habite Bougie (Algérie).

Un descendant, également en ligne naturelle, de François de Valois, duc d'Alençon, comte d'Usson et d'Armagnac, quatrième fils du roi Henri II, et frère de François II, Charles IX et Henri III, habite Saint-Chamans (Bouches-du-Rhône).

Enfin, M. le comte de Mun, l'orateur catholique bien connu, descend en droite ligne, par les femmes, il est vrai, du roi Clovis Ier, en vertu de la généalogie ci-dessous :

M. le comte Albert de Mun, né en 1841, a pour aïeul paternel Jean-Antoine-Claude-Adrien, marquis de Mun, mort en 1843, qui avait pour aïeul paternel, Pierre-Alexandre de Mun, marquis de Sarlabours, mort en 1741, arrière-petit-fils d'Alexandre, seigneur de Mun, marié en 1606, arrière-petit-fils de Florette de Montlezun de saint-Poutge, mariée en 1488, à Omer, seigneur de Mun-en-Bigorre, descendante au

---

1. D'après un article du *Petit Journal*.

cinquième degré de Bernard de Montlezun, seigneur de Saint-Larq, marié en 1309, fils puîné d'Arnaud-Guilhem de Montlezun, comte de Pardiac, mort en 1309, qui avait, pour quatrième ancêtre paternel, Oger, comte de Pardiac, fils de Bernard, comte de Pardiac (1025), troisième fils d'Arnauld II, comte d'Astarac (1000), petit-fils d'Arnauld-Garcie, comte d'Astarac, fils de Garcie-Sanche II, comte de Gascogne (904), petit-fils de Mittara-Sanche Ier, comte de Gascogne (865), petit-fils de Loup III-Centulle, comte de Gascogne (812), arrière-petit-fils de Loup II, duc de Gascogne, mort en 778, petit-fils de Waïfre, duc d'Aquitaine, mort en 768, fils d'Hunald, duc d'Aquitaine, qui abdiqua en 745, fils d'Eudes, duc d'Aquitaine, mort en 735, petit-fils de Caribert II, roi d'Aquitaine, mort en 631, second fils du roi Clotaire II ; fils du roi Chilpéric Ier ; fils du roi Clotaire Ier ; fils de Clovis le Grand.

A cette même famille, issue de Caribert II, second fils de Clotaire II et de Bertrade, et frère consanguin de Dagobert, appartenaient les fameux comtes d'Armagnac, si célèbres sous les règnes de Charles VI, Charles VII et Louis XI.

La mort de Garcie-Sanche II, dit le Courbé, dernier comte de Gascogne et arrière-petit-fils de Loup III-Centulle (904), partagea ses Etats entre ses fils : l'un eut le comté de Fezensac, duquel l'Armagnac se détacha, en 920, en faveur d'un cadet. Deux siècles après, les comtes d'Armagnac, réunissaient, par déshérence, le Fezensac à leurs domaines considérablement accrus par d'adroits mariages, et se classaient parmi les plus puissants seigneurs du midi. Le second fils de Garcie-Sanche, Arnauld-Garcie, eut le comté d'Astarac, divisé plus tard en comtés d'Astarac et de Pardiac, branche qui s'éteignit, comme on vient de le voir, vers 1480, et les autres branches n'eurent qu'une existence éphémère.

Un autre rameau, celui des comtes de Bigorre, issu de Donat-Centulle, second fils de Loup III-Centulle (812), s'est éteint vers l'an 1000, faisant place à une autre famille.

La race royale des Armagnacs s'est terminée en 1503, en la personne de Louis d'Armagnac, duc de Nemours, qui périt à la bataille de Cérignoles.

Les armes de la famille d'Armagnac étaient : *D'argent au lion de gueules.*

LES IMPOSTEURS

Je commencerai ce chapitre par quelques mots sur ce fameux Masque de fer qui, loin d'être un imposteur, paraît, au contraire, avoir été un prince privé de ses droits très réels, mais qui, étant unique dans l'histoire française, ne pouvait trouver place ailleurs.

L'Homme au masque de fer, né le 5 septembre 1638, mourut le 19 novembre 1703, et fut inhumé clandestinement sous le nom de Marthioli. Le mystère qui a toujours plané sur sa naissance, mystère que, seuls, ont connu Louis XIV, Louis XV, Louis XVI et le Régent, a vivement excité la curiosité et l'esprit des écrivains et les chercheurs. Les uns ont vu dans ce célèbre prisonnier un frère jumeau de Louis XIV ; les autres, un fils adultérin d'Anne d'Autriche et de Buckingham ; un fils de la même Anne et du cardinal Mazarin ; le comte de Vermandois ; le duc de Beaufort ; le duc de Monmouth ; un fils de la reine d'Espagne et de Ruy-Blas ; le patriarche arménien Avedick ; Fouquet ; le comte Girolamo Magni, Matthioli ou Malthioly ; Lefroid ; Marchialy, (ces trois derniers agents de police) ; le capitaine Burlonde.

Les grands égards dont on entoura toujours le prisonnier sont inadmissibles avec la moitié au moins de ces suppositions, et les hypothèses qui restent n'expliquent pas le fameux masque, sauf une seule : celle d'un frère jumeau de Louis XIV, qui par faute d'une trop grande ressemblance avec le roi, aurait été obligé de garder ce masque sur son visage, afin que les gardes et les valets ne puissent pas voir ses traits. Cette hypothèse a, elle aussi, été combattue ; on a dit que le second jumeau n'aurait été qu'un prince du sang de plus et qu'il était inutile de le supprimer, mais c'est là une erreur profonde, car nul n'ignore que, scientifiquement et juridiquement, c'était à cette époque le dernier venu des jumeaux qui était l'aîné. Or, comme entre les deux naissances d'un accouchement double, il peut s'écouler quatre et cinq heures, le premier né ; c'est-à-dire Louis XIV, pouvait parfaitement être déjà nommé et reconnu dauphin, les actes remplis, et les signatures apposées, lorsque le second enfant, L'AÎNÉ ! est venu au monde. Tout était donc à recommencer et, dans le premier moment d'affolement, on se sera résolu à tenir la naissance secrète ; c'est là, la seule explication possible du mystère, qui devient ainsi compréhensible, si on se rappelle quelle importance avait autrefois l'aînesse.

On ne connaît pas d'autres naissances jumelles dans l'histoire française.

Une loi de 1839, très logique, en somme, a interverti la situation des jumeaux en déclarant l'aîné, celui qui est né le premier, la donnée scientifique restant néanmoins toujours la même.

Quelques mots maintenant sur Naündorff, Lalouette, Hervagault, Bruneau et La Roche, les cinq faux Louis XVII les mieux connus.

Charles-Guillaume Naündorff, qui exerçait la profession d'horloger, était né vers 1785, et est mort à Delft, le 10 août 1845. C'était le fils d'un ancien valet de chambre du dauphin. De son mariage avec Jeanne Einert, morte ces dernières années, à Teteringen (Hollande), à l'âge de quatre vingt-cinq ans, il a eu plusieurs enfants : Amélie, femme du « très honoré » Abel de Laprade, décédée; feu Charles Edmond (Charles XI), dont le fils, AUGUSTE-Jean-Charles-Emmanuel, prétendant actuel, a épousé, à Lunel, le 7 février 1898, Mlle Madeleine Cuille ; et Adalbert, né à Combenwell (Surrey, Angleterre), mort a Berg-op-Zoom, laissant trois enfants, dont deux fils.

Quant aux Lalouette, leur chef était Louis XVII, prince de Richemont, dont le fils, Adrien, est mort, il y a quelques années, à Gulpen (Belgique).

J.-M. Hervagault, Mathurin Bruneau et La Roche sont moins connus. Le dernier est mort à l'âge de quatre-vingt-sept ans, à l'hôpital de Savenay (1872).

Hervagault, condamné à quatre ans de prison le 3 avril 1802, mourût à Bicêtre, en 1812; et le sabotier Bruneau fut condamné le 28 février 1818 à sept ans d'emprisonnement.

Outre ces cinq imposteurs, il a existé et existe encore d'autres personnes qui ont tenté de se faire passer pour des princes ou princesse de sang royal ou impérial.

Commençons par Maria-Stella Chiappini. Cette femme prétendait être la fille légitime de Philippe-Égalité. D'après ses dires, la duchesse d'Orléans étant accouchée d'une fille, le même jour que la femme du geôlier Chiappini accouchait d'un garçon, le duc d'Orléans, qui voulait un fils, aurait troqué sa fille contre le fils du geôlier, moyennant une pension viagère, et ce fils de Chiappini serait devenu Louis-Philippe Ier.

Maria-Stella-Pétronilla Chiappini épousa d'abord lord Newborough, dont elle eut lord Spencer, lord Newborough, et le chevalier Vyn; puis le baron de Sternberg, et mourut à Paris, en 1845.

Beaucoup crurent à cette histoire, documentée avec beaucoup d'art et d'intelligence, et offrirent leurs services à Maria-Stella; mais cette légende, à peu près semblable à celle relative à la naissance du comte de Chambord (dont la mère, s'étant procuré un enfant mâle, avait simulé une grossesse), doit, ainsi que sa devancière, être reléguée au rang des pamphlets politiques.

Mme Hénon, veuve en premières noces de M. Fromaint, prétend être Anne-Marie-Rosalie Lucchési-Palli, fille du comte Lucchési-Palli et de la duchesse veuve de Berry, remariée morganatiquement à ce gentilhomme italien, née à Blaye, le 10 mai 1833.

Or, de l'avis généralement répandu, cette enfant est morte à l'âge de quatre ans.

Enfin, Mme Chaussenot, qui habite Paris, prétend être la fille légitime de Napoléon III.

L'empereur et l'impératrice, désirant avoir un fils, et n'ayant eu qu'une fille, l'auraient fait remplacer par un garçon, qui fut le prince Impérial, et afin de pouvoir reconnaître plus tard leur fille, l'auraient fait tatouer d'une couronne impériale.

Cette dame porte, en effet, cette marque.

LES BOURBONS
En pays étrangers.

Les Bourbons pourraient, en leur qualité de descendants des rois de France, élever des prétentions sur presque tous les trônes de l'Europe, comme héritiers des princes français qui s'y sont assis à diverses époques.

Louis VIII le Lion fut roi d'Angleterre, sous le nom de Louis Ier, de 1215 à 1216.

François II régna sur l'Écosse, comme époux de la reine Marie-Stuart, sous le nom de François Ier, de 1559 à 1560.

François, duc d'Alençon, quatrième fils de Henri II, fut nommé duc de Brabant, en 1583; la seconde maison de Bourgogne avait déjà possédé les Pays-Bas tout entiers.

Le duc de Nemours fut élu roi des Belges, le 3 février 1831 ; il fit parvenir son refus, le 17 du même mois.

La branche d'Anjou régna en Hongrie, depuis Charles-Martel, petit fils de Charles-d'Anjou jusqu'à Louis-le-Grand, mort en 1382.

Henri III fut roi de Pologne, sous le nom de Henri Ier, de 1573 à 1574, et, en 1697, François-Louis, prince de Conti, fut élu roi du même pays, où il ne put régner.

Les Carlovingiens furent empereurs du second empire d'Occident (Allemagne, Autriche, Suisse, Pays-Bas, Italie), de Charlemagne (800), à Charles le Gros (887). Le pape proposa, sous saint Louis, la couronne impériale à Robert, frère du roi, qui la refusa.

En 1267, Alphonse X, roi de Castille, fut également élu empereur. (Voir à la fin de l'article.)

La première maison de Bourgogne, issue de nos rois, a donné tous ses rois au Portugal, depuis Henri de Bourgogne (1092), jusqu'à nos jours. Leur dernière branche, les Bragances, a été remplacée sur le trône, depuis quelques années par la famille de Saxe-Cobourg-Gotha, à la suite d'un mariage, mais la famille de dom Miguel, aujourd'hui exilée, continue la dynastie des Bragances[1].

Enfin, Charles de Valois, frère de Philippe le Bel, avait été nommé roi d'Aragon par le pape,

---

1. La famille royale portugaise s'est perpétuée par la branche naturelle d'Avis.

en 1283, et épousa l'héritière des Courtenays-Impériaux.

La maison de Bourbon a régné sur la Navarre avant de gouverner la France.

Louis XII, de 1500 à 1512, François 1ᵉʳ, de 1515 à 1521, sous les noms de Louis Iᵉʳ et de François II, ont été ducs de Milan, ainsi que Charles, duc d'Orléans, troisième fils de François Iᵉʳ.

La branche d'Anjou régna sur les Deux-Siciles, et sur Jérusalem (titre honoraire) depuis Charles, frères de saint Louis (1266), jusqu'à René, mort en 1480, et posséda aussi le Piémont. Jacques de Bourbon, comte de la Marche, fut aussi roi de Naples (1438).

En 774, Charlemagne avait pris le titre de roi des Lombards. Charles d'Anjou, déjà nommé, se rendit acquéreur des droits des empereurs détrônés de Constantinople, et Charles VIII, en 1494, prit les titres d'Empereur d'Orient, (Turquie, Danubie, Grèce, Turquie d'Asie, Egypte), de roi de Naples et de Jérusalem. Louis XII porta aussi ce dernier titre (1515).

Le pape-roi saint Léon III était le fils naturel de Pépin le Bref et d'Aude, (Etats de l'Église, Rome ; territoires donnés aux papes par notre roi Pépin le Bref).

Le fils aîné du comte d'Eu est actuellement prétendant au trône impérial du Brésil, dont il est l'héritier légitime. Ce pays est, comme on sait, une ancienne colonie portugaise.

Jean de Calabre, fils de René d'Anjou et descendant de Jean le Bon fut demandé pour roi par les

Catalans révoltés, à la mort de leur souverain, Pierre de Portugal (1466), mais il ne put se maintenir à Barcelone.

Les princes de Courtenay, issus de Louis VI, ont régné sur l'Empire d'Orient, Edesse, Tibériade et le marquisat de Namur, en Europe.

On voit donc que, seuls, la Russie, le Danemark, la Suède et la Norwège n'ont jamais eu de rois français, ou tout au moins de race royale française, car on sait que le général français Bernadotte est l'ancêtre de S. M. Oscar II, roi actuel de Suède et Norwège.

Enfin, en qualité d'héritiers de Charles de Valois, cité plus haut les Bourbons pourraient prétendre au khédiviat d'Égypte, le prince Sanche, fils du roi Alphonse de Castille, ayant été nommé roi d'Égypte par le pape d'alors. On sait en effet que la Castille s'est réunie à l'Aragon par le mariage d'Isabelle Ire avec Ferdinand V d'Aragon. Pour la même raison, les Bourbons pourraient élever des prétentions sur les îles Canaries, Louis de la Cerda, infant de Castille ayant été roi de cet archipel, au XIVe siècle, et sur les anciennes colonies espagnoles d'Amérique, aujourd'hui érigées en républiques indépendantes.

On sait que l'Espagne est gouvernée par cette maison depuis 1700; mais j'ai cru néanmoins, ainsi que pour Naples, devoir rappeler les premières prétentions des princes français sur ce royaume, en même temps et dans les mêmes termes que pour les autres Etats.

LES CAPÉTIENS

et les Bourbons et l'Église

L'ancienne famille royale a fourni à l'Église romaine par descendance ou par alliance, plusieurs saints et saintes, canonisés ou béatifiés par les papes et honorés d'un culte public.

C'est d'abord saint Arnulf, Arnolphe ou Arnoul, évêque de Metz, maire du palais d'Austrasie sous Dagobert, mort en 640 et qui, ayant d'abord été marié, fut la tige des deux races carlovingienne, par Charles Martel, et capétienne par Childebrand. Puis sainte Begga, sœur de sainte Gertrude, et fille de saint Pépin de Landen et de sainte Iduberge, laquelle fut femme d'Anségise, fils de saint Arnoul, et mère de Pépin d'Héristal. — Sainte Wulfétrude, fille de Grimoald et petite-fille de saint Pépin de Landen. — Sainte Plectrude ou Rictrude, femme de Pépin d'Héristal et mère de sainte Notburge. — Saint Wandrille, petit-fils de Saint Arnoul. — Saints Ferréol et Ferjeux, ancêtres ou parents d'Anspert, grand-père de saint Arnoul. — Saint Léon III, pape, fils naturel de Pépin le Bref et d'Aude. — Saint Adalhard, fils de Carloman, frère de Pépin le Bref. — Saint Charlemagne. — Saint Syagrius, évêque de Nice, fils de Carloman Ier. — Saint Guillaume de Toulouse, cousin de Louis le Débonnaire. — Sainte Richarde, femme de Charles le Gros. — Saint-Berthaire, de la famille carlovingienne. — Saint

Louis IX. — Saint Félix de Valois. — Saint Louis, évêque de Toulouse, arrière-petit-fils de Louis VIII. — Sainte Jeanne de Valois, fille de Louis XI et première femme de Louis XII. — Sainte Louise de Savoie, fille du duc Amédée et de Yolande, fille de Charles VII. — Sainte Philippe ou Philippine, fille d'Adolphe, duc de Gueldre et de Catherine de Bourbon, et femme de René II de Lorraine. — Sainte Louise de Bourbon, fille de Louis XV — et enfin Sainte Marie-Clotilde de Bourbon, petite-fille de Louis XV, sœur de Louis XVI, Louis XVIII et Charles X, et femme de Charles-Emmanuel IV, roi de Sardaigne.

La race mérovingienne avait aussi fourni plusieurs saints dont les noms complètent la liste des princes ou rois français canonisés. Ce sont : sainte Radegonde, sixième femme de Clotaire Ier. — Sainte Clotilde ou Clotechilde, deuxième femme de Clovis Ier. — Saint Clodebald, Clodoald ou Cloud, troisième fils de Clodomir. — Saint Gontran, roi de Bourgogne. — Sainte Ingonde, martyre, fille de Sigebert Ier et femme de saint Herménégild, aussi martyr. — Sainte Notburge, fille de Dagobert. — Sainte Bathilde, femme de Clovis II. — Saint Hubert, petit-fils de Caribert II. — Saint Walbert ou Gualbert, oncle maternel de Dagobert, et Saint Aye ou Agéius, cousin du même roi, fils de Brunulphe, frère de Walbert.

On doit encore citer sainte Mafalde, fille de Sanche Ier, roi de Portugal et femme d'Henri Ier, roi de Castille, et sainte Élisabeth d'Aragon, femme de Denis, roi de Portugal et nièce de sainte Élisabeth de Hongrie, ces deux rois, Sanche Ier et Denis étant des descendants directs de Hugues Capet, — et aussi sainte Marie-Christine de Sardaigne [1], fille de Victor-Emmanuel Ier et première femme de Ferdinand II de Bourbon, roi des Deux-Siciles.

NOTE SUR LA CANONISATION

de Charlemagne et de Gontran

Je veux, en passant, tenter de détruire une légende malsaine et fausse, selon moi, en tous points : celle des enfants naturels de Charlemagne, lequel, non content des maîtresses qu'il aurait eues du vivant de ses femmes légitimes, aurait pris, sans se remarier, quatre concubines à la mort de sa sixième femme.

Le monarque franc a été canonisé par un antipape, il est vrai : Pascal III ; mais d'abord qu'est-ce qu'un antipape ? C'est un pape qui n'a pas été élu selon les formes régulières et qui s'est élevé par ruse ou par audace, au trône pontifical ; or, cette ambition, toute blâmable qu'elle soit chez un prêtre, dont les premières vertus doivent être la modestie et l'humilité, n'exclut pas les sentiments religieux,

---

1. Plusieurs de ces saints ou saintes sont dénommés bienheureux ou vénérables : c'est là une simple question de formalité, leurs noms figurant au calendrier à côté de ceux des saints.

et les antipapes n'en ont pas moins été, presque tous, de fort bons prêtres, trop ambitieux, mais très pieux et très orthodoxes. Tous les ecclésiastiques connaissent les exigences d'une canonisation et je me refuse à croire qu'un prêtre aurait mis au rang des saints un homme, fût-ce un roi, qui, marié six fois, aurait encore laissé des bâtards.

Charlemagne fut marié six fois : la première, avec Hermentrude ; la seconde, avec Hermangarde, Théodora, Désirée ou Désiderade, fille de Didier, roi des Lombards, répudiée presque immédiatement à cause d'une infirmité secrète ; la troisième avec Hildegarde ou Hildegrande, fille du duc des Suèves, qui lui donna quatre fils : Charles, Pépin, Louis et un autre qui se fit moine, et cinq filles : Rothrude, Berthe, Gille ou Gisèle, Céleste et Hildegarde ; la quatrième avec Fastrade, fille de Raoul, comte de Franconie ; la cinquième avec Luitgarde, et la sixième avec Régine, fille d'un duc franc, qui lui donna un fils : Hugues, et une fille. Il eut, on ne sait au juste de laquelle de ces reines, un autre fils, également moine, et deux autres filles, dont l'une, Emma ou Imma, fut la femme d'Eginhard ; soit six fils et huit filles.

Il est donc fort probable que Drogon, évêque de Metz, et le moine Pépin le Bossu sont également des enfants légitimes nés d'un de ces mariages, ou que leur mère est une septième femme de Charlemagne dont le nom s'est perdu, ce qui donnerait huit fils à l'empereur. On sait que ce Pépin fut enfermé dans un monastère à la suite d'une rébellion.

Quant à Gontran, canonisé par un pape légitime, on l'accuse d'avoir poignardé lui-même les deux frères de sa première femme alors qu'il a dû les faire périr pour un crime, vrai ou supposé, mais qu'il a cru être vrai dans sa justice royale, et d'avoir fait mourir les deux infortunés médecins faussement accusés par Austréchilde. La justice n'est-elle pas le droit des princes? et ne peuvent-ils pas se tromper aussi?

Marié une première fois avec Marcatrude dont il se sépara, il épousa en secondes noces, Austrégilde, suivante de la reine, qui lui donna deux fils, morts jeunes, et en troisièmes noces, Vénérande.

CHRÓNOLOGIE COMPLÈTE

et expliquée des rois de France

1. Chronologie des rois gaulois, d'après les anciens chroniqueurs (1956-1169 av. J.-C.). 787 ans.

Gomer ou Gallus, fils de Japhet, et petit-fils de Noé, et son fils ou frère Samothès ou Semnothès (grec : semnos, vénérable; sous-entendu, comme ; théos, Dieu), peuplèrent la Gaule. Samothès fut plus tard adoré par les Gaulois et les Germains sous les noms de Teut ou Theut, Teutus, Teutat, Teutatès, Taautès, Thot, Thoys, Thoyt, Dis ou Tis, Ty, Tuis, Tiu, Zio, Ziu ou Allfater. Il avait eu de sa femme Erda ou Hertha (devenue déesse de la

Terre), un fils nommé Teuton, Tuiston, Thuiscon, Thuyscon, Tuisko, Teutsch ou Deutsch, lequel eut pour fils Mannus, Mann ou Er, tous deux dieux comme leur père.

Le premier roi gaulois fut Magus, descendant de Samothès.

1. Magus *ou* Magion, 1956-1906;
2. Sarron *ou* Saron, 1906-1895. — Véritable nom : Derw Ier; celtique *derw*, chêne; grec *saronis*, chêne;
3. Drivus, Drijus, Dryas, Drius *ou* Druys, 1895-1873. — Véritable nom : Derw II;
4. Bardus Ier, 1873-1818. — *Ou* Borel, père de Cyparisse? — Véritable nom : Bardd Ier. Tributaire de Jupiter l'ancien (1842);
5. Longho *ou* Lango, 1818-1791;
6. Bardus II, 1791-1754. — Véritable nom : Bardd II. — *Ou* Borel, père de Cyparisse?
7. Lucus, 1754-1743. — Véritable nom : Luth (l'Eau);
8. Celta, Celtès *ou* Celtus, 1743-1722. — Le Jupiter gaulois, adoré sous le nom de Tarann (Taran-is-ès, Taramis);
9. Ogmius, Ogmios *ou* Ogmion Ier, 1722-1688. — Véritable nom : Ogham. L'Hercule gaulois, adoré sous ce nom.
10. Galatas, Galatès *ou* Galathès Ier, 1688-1647;
11. Narbon, 1647-1625;
12. Lugdus *ou* Lugdon, 1625-1580;
13. Belgus *ou* Belgius; 1580-1546. — Nom celtique : Bolg.
14. Jasius-Janigéna, 1546-1513. — Usurpateur. Fils d'un Janus latin;
15. Allobrox, 1513-1445;
16. Rhomus *ou* Romans, 1445-1405;
17. Paris, 1405-1372;
18. Léman *ou* Ogmius II, 1372-1316. — Nom celtique : All-man (Tout à fait homme);
19. Olbi, 1316-1278. — Nom celtique : Alb *ou* Alp (la Montagne);
20. Galatas II, 1278-1253;
21. Nemnès *ou* Nannès, 1253-1208;
22. Rhémus, 1208-1169;

2. Les tribus gauloises indépendantes (1169-50 av. J.-C.). 1119 ans.

Avec Rhémus s'éteignit la race royale des Magiens. Ce prince ne laissait pas d'enfant mâle, et son cousin Craig (rocher; latin Francus), fils d'Hiktar ou Hagtor et arrière-arrière-petit-fils de Léman, dernier descendant de Magus, était mort aux Palus-Méotides.

La mort de Rhémus fut le signal de la guerre civile. Les chefs gaulois ne purent se mettre d'accord sur l'élection d'un nouveau roi. Tous prétendirent avoir des droits au trône, et tous voulurent les faire valoir. Francus ou Francion (grec, Phrankos-kion; François dans les vieilles chroniques), fils naturel d'Hector (d'autres disent fils d'Astyanax ou Scamandrius, fils unique d'Hector et d'Andromaque) et prince troyen qui, parti de son pays natal après la prise de Troie, avait abordé en Germanie et venait de grouper sous ses lois les tribus sauvages qui devaient plus tard former la confédération franke, avait épousé Rhême, fille unique de Rhémus, mais il essaya vainement de succéder à son beau-père; les chefs de tribus se rendirent indépendants, et la Gaule resta dans un état permanent de guerres civiles, voisin de l'anarchie, jusqu'à l'invasion des Romains, qui vainquirent, les uns après les autres, les nombreux petits rois qui se partageaient notre pays et firent de la future France une province romaine, malgré l'héroïque défense de Vercingétorix (50 av. J.-C.).

3. La Gaule romaine (50 av. J.-C.)

Sous la domination romaine, la Gaule n'a pas d'histoire : de nombreux soulèvements n'aboutissent pas et bientôt le pays entier accepte le gouvernement civilisateur de Rome, gouvernement qui se maintint près de cinq siècles et n'est abattu que par les Franks, qui donnent au pays son nom actuel de France.

4. Les Rois de France

Ire DYNASTIE.

LES MÉROVINGIENS ou MÉROWINGS. 42 Rois [1] (418-752)

1. PHARAMOND ou VARMOND. . . . . 418 ou 420-428.
   Fils de Marcomir et descendant de Francus Ier.

2. CLODION, CHLODIO, CHLOGION ou CLOÏON. 428-448
   Dit le Chevelu. — Son fils aîné meurt avant lui.

3. MÉROVÉE, MÉROWIG, MEIR-VEICH. . . . . . . 448-456 ou 458.
   ou MÉROBALD (MÉROBAUDÈS), 2e fils de Clodion.

4. CHILDÉRIC Ier, roi des Francs-Saliens ou de Tournai, 456 ou S. 457 ou 9, puis 464-481.

5. CARARIC ou CANARIC, roi de Thérouanne et de St-Omer mort en 508 ?

6. RAGNACHAIRE ou RAGNACAIRE, roi de Cambrai mort en 508 ?

7. REGNOMER, RÉNOMER, ou RINOMER, roi du Mans mort en 508 ?

   SIGEBERT LE BOITEUX, roi des Francs-Ripuaires ou de Cologne mort en 508 ?

   Petits-fils de Clodion par son fils aîné. — Second fils de Mérovée.

   CLODÉRIC roi un moment mort en 508 ?

8. ÆGIDIUS, GILLES ou GILLON, gouverneur romain de la Gaule, 3e fils de Clodion, roi des Francs-Saliens, 457 ou 9-464.

   SYAGRIUS, fils d'Ægidius, chef des Romains de Soissons, 464-486.

9. CLOVIS Ier, le Grand. (Chlodwig, Chlodovéus, Chlodovéchus) (Clodoix, Ludovic, Louis des vieil. chron.) 481-511 — seul roi, 508 ?

Les quatre fils de CLOVIS Ier se partagent la France qui forme, dès lors, 4 roy. distincts.

---

[1] Syagrius, Sigebert le Boiteux et Clodéric non comptés.

Neustrie ou Soissons.		Austrasie ou Metz.	
10. Clotaire Ier . . roi de Metz (555) seul roi en 558.	511-561	24. Thierry Ier. . . . (Théodoric ou Theudéric).	511-534
		25. Théodebert Ier.	534-548
. . . .		26. Théodebald II .	548-555
11. Chilpéric Ier . . Le Néron ou l'Hérode des Francs.	561-584	27. Sigebert Ier . . . roi de Neustrie en 575.	561-575
12. Clotaire II. . . dit le Grand ou le Débonnaire seul roi en 613.	584-628	28. Childebert II . roi de Bour- gogne, 593.	575-596
		29. Théodebert II .	596-612
		30. Sigebert II. . . roi d'Austrasie et de Bourg.	613
. . . .		. . . .	
13. Dagobert Ier. . le Salomon des Francs, roi d'Austrasie dès 622, seul roi, 631.	628-638		
14. Clovis II. . . . roi de Neustrie et Bourgogne, seul roi en 656.	638-656	31. Sigebert III . . couronné dès 633.	638-656
		32. Childebert III . usurpateur	656

Les trois fils de Clovis II, Clotaire, Childéric et Thierry

Les rois, dits Fainéants, commencent, selon les uns, à

Neustrie et Bourgogne.

15.	Clotaire III . .	seul 656
	puis	660-670
16.	Thierry III . . .	670-671
	puis	674-691

Orléans, puis Bourgogne.	Paris et Aquitaine.
35. Clodomir . . . 511-524	39. Childebert Ier . 511-558 roi d'Orléans, 526, de Bourgogne, 534. — 1re application de la loi salique.
36. { St-Clodebald [1]. Théodebald Ier [2]. Gonthaire. } 524-526	
37. Saint-Gontran. 561-593 le Bon, roi de Bourgogne.	40. Caribert Ier . . 561-567 ou Chérébert. Partage de ce royaume. — 2° application de la loi salique. Fin du roy. de Paris.
38. Thierry II . . . 596-613 roi d'Austrasie, 612. Fin du roy. de Bourg. que Dagobert Ier réunit à la Neustrie.	41. Caribert II . . . 628-631 roi d'Aquitaine.
	42. Chilpéric II . . 631 fin de ce roy.

[1] Clodoald *ou* Saint-Cloud.
[2] Thibaud.

règnent ensemble (656-660). Clotaire un instant seul roi (656).

Clovis II, selon les autres, à Thierry III.

Austrasie.

33. Childéric II . . 660-673
    seul roi, 671.
34. Dagobert II . . 674-679
    le jeune.

7.

Neustrie et Bourgogne.			Austras	
17.	CLOVIS III	691-695	— MARTIN *ou* MARTEL	679-680
18.	CHILDEBERT IV. le Juste *ou* le Jeune.	695-711	et — PÉPIN D'HÉRISTAL *ou* le Gros, ducs.	679-714
19.	DAGOBERT III.	711-715		
20.	CHILPÉRIC III. puis seul roi, 719.	715-717 719-720	— THÉODEBALD *ou* THÉODOALD, duc	714
21.	CLOTAIRE IV seul roi.	717-719	— CHARLES-MARTEL duc.	714-717
22.	THIERRY IV. de Chelles, seul roi.	720-737	Seul duc des Francs (Grand interrègne)	737-742
23.	CHILDÉRIC III. l'Hébété.	742-752	— CARLOMAN duc.	742-747

Le fils de CHILDÉRIC III, puis les ducs d'Aquitaine, légitimes héritiers.

2° DYNASTIE

LES CARLOVINGIENS, CAROLINGIENS *ou* **KAROLINS.** —
15 rois. 752 à 987.

---

43. PÉPIN-LE-BREF, duc d'Austrasie. 747
    Roi des Francs. 752-768

Neustrie.	Austrasie.
44. CARLOMAN 1ᵉʳ. . 768-771 Ses deux fils, Pépin et Saint-Syagrius, dépouillés par leur oncle, Charlemagne.	45. ST-CHARLES 1ᵉʳ. 768-814 (Charlemagne) le Grand et le Salomon des Francs. — Seul roi, 771. Emp. d'Occid. 800.

La France est désormais réunie sous un seul sceptre.

46. LOUIS 1ᵉʳ, le Pieux. . . . 814-840
    ou le Débonnaire.
47. CHARLES II, le Chauve. . . 840-877
    (faussem. le Grand).
48. LOUIS II, le Bègue. 877-879
    ou Nihil-Fécit.
49. { LOUIS III, le Fainéant et } 879-882
     { CARLOMAN II. . . . . . }
50. CARLOMAN II, seul. 882-884

51. CHARLES III, le Simple. . . 884-922 { Régence de CHARLES-LE-GROS, 884-887.
    le sot *ou* l'hébété (sauf   CHARLES III, roi avec EUDES, 893-898.
    entre 887 et 893, où   Seul roi, 898-922.
    CHARLES ayant été écarté,   Déposé dès 920.
    EUDES fut seul roi)   Mort en 929.

52. EUDES, ODE *ou* ODON. . . . 887-898 { Famille de Robert-le-Fort Seul roi, 887-893. Partage avec Charles-le-Simple, 893-898.

— 120 —

53.	Robert Iᵉʳ	922-923	Famille de Robert-le-Fort.
54.	Raoul, Radulf ou Rodolphe	923-936	Famille de Bourgogne.
—	Interrègne de plusieurs mois	936	
55.	Louis IV d'Outre-Mer . . .	936-954	
56.	Lothaire	954-986	
57.	Louis V le Fainéant . . .	986-987	Son oncle, Charles, légitime héritier. Ce surnom de Fainéant a été bien faussement attribué à Louis III et à Louis V, qui firent preuve de réelles qualités.

3ᵉ DYNASTIE.

LES CAPÉTIENS. — 38 rois. — 987-1848.

1ʳᵉ branche : Capets.

58.	Hugues-Capet ou Chapet . .	987-996	Charles IV de Lorraine, prétendant, 988, prisᵉʳ 991, mort, 992. Famille de Robert-le-Fort.
59.	Robert II le Pieux . . .	996-1031	
60.	Henri Iᵉʳ	1031-1060	
61.	Philippe Iᵉʳ	1060-1108	
62.	Louis VI, l'Éveillé . . . le Gros et le Batailleur.	1108-1137	
63.	Louis VII le Jeune . . .	1137-1180	
64.	Philippe II Auguste . . . ou Dieudonné.	1180-1223	
65.	Louis VIII, le Lion . . . ou Cœur-de-Lion.	1223-1226	
66.	Saint-Louis IX	1226-1270	
67.	Philippe III le Hardi . . .	1270-1285	
68.	Philippe IV le Bel . . . et le faux-monnayeur.	1285-1314	
69.	Louis X le Hutin . . .	1314-1316	
—	Interrègne de 4 mois ou 5 mois 10 jours	1316	Philippe-le-Long, inter-roi.
70.	Jean Iᵉʳ . . . . Vit 4, 5, 6 ou 8 jours.	1316	Clémence de Hongrie, reine

70.	Interrègne, fin 1316. . . .	2 fév. 1317	3° application de la loi salique
71.	PHILIPPE V le LONG. . . .	1317-1322	
72.	CHARLES IV LE BEL . . . ou le justicier.	1322-1328	4° application de la loi salique
—	Interrègne de 2 mois. . .	1er fév. au 1er avril 1328	Philippe de Valois, inter-roi. Jeanne d'Evreux, reine.

LES CAPÉTIENS

2e BRANCHE. — Valois.

73.	PHILIPPE VI, de Valois. . ou le Fortuné.	1328-1350	5° application de la loi salique
74.	JEAN II, le Bon	1350-1364	
75.	CHARLES V, le Sage. . .	1364-1380	
76.	CHARLES VI, le Bien-Aimé ou l'Insensé.	1380-1422	
77.	CHARLES VII, le Victorieux ou le Bien-Servi.	1422-1471	Henri V et VI, rois d'Angleterre et de France. Jeanne-d'Arc.
78.	LOUIS XI.	1471-1483	
79.	CHARLES VIII, l'Affable. . ou le Courtois.	1483-1498	

LES CAPÉTIENS

3e BRANCHE. — Valois-Orléans.

80. LOUIS XII, le Père du Peuple   1498-1515
    ou le juste.

LES CAPÉTIENS

4e BRANCHE. — Valois-Orléans-Angoulême.

81.	FRANÇOIS 1er, le père des lettres	1515-1547	6° application de la loi salique.
82.	HENRI II.	1547-1559	
83.	FRANÇOIS II	1559-1560	
84.	CHARLES IX	1560-1574	
85.	HENRI III.	1574-1589	Le cardinal de Bourbon désigné comme héritier, 1584.

LES CAPÉTIENS

5° BRANCHE. — Bourbons.

86. HENRI IV, le Grand. . . . 1589-1610 — 7° application de la loi salique. La Ligue Catholique, 1589-1593. CHARLES X, cardinal de Bourbon 1589-1590.
    D'abord protestant, se convertit en 1593.
87. LOUIS XIII, le Juste . . . 1610-1643
88. LOUIS XIV, le Grand et Dieudonné 1643-1715
89. LOUIS XV, le Bien-Aimé. . 1715-1774
90. LOUIS XVI, le Vertueux. . 1774-1793 — Déchu, en 1792.
91. LOUIS XVII. . . . . 1793-1795 — Reconnu par les puissances.

PREMIÈRE RÉPUBLIQUE, DÈS 1792-1804

4ᵉ DYNASTIE

PREMIER EMPIRE. — Bonapartes ou Napoléons.

92. NAPOLÉON 1ᵉʳ, le GRAND . . . . 18 mai 1804 / 1ᵉʳ-11 avril 1814 — 1ᵉʳ avril, déchéance. 11, 1ʳᵉ abdication.
    — puis 20 mars 1815 / 28 juin 1815 — Les Cent-jours, 28 juin, 2ᵉ abdication.
93. NAPOLÉON II. . . 28 juin 1815 / 8 juillet 1815 — FOUCHÉ, duc d'Otrante, chef du Gouvernement provisoire.

RESTAURATION DES BOURBONS.

94. LOUIS XVIII, le Désiré . . . 6 avril 1814 / 20 mars 1815 — 8ᵉ application de la loi salique.
    — puis 8 juillet 1815 / 16 septembre 1824

95. Charles X. . . . . 1824-1830 { Détrôné le 29 juillet ; abdique, le 2 août, en faveur de son fils, Louis, duc d'Angoulême, lequel abdique, le même jour, en faveur de son neveu, Henri, duc de Bordeaux.

96. Henri V . . . . 30 juillet 1830 / 9 août 1830 } Le duc d'Orléans, lieutenant général.

LES CAPÉTIENS.

6ᵉ branche. — Bourbons-Orléans.

97. Louis-Philippe Iᵉʳ 9 août 1830 / 24 février 1848 } Abdique en faveur du Comte de Paris, son petit-fils.

Deuxième République . 1848-1852

RESTAURATION DE L'EMPIRE.

98. Napoléon III. 2 décembre 1852 / 4 septembre 1870

Troisième République, depuis 1870

Les reines de France

Si la liste des rois de France est familière à tous, celle des reines est moins connue, et de beaucoup. La voici, presque complète, en commençant par les reines gauloises, dont trois seulement ont transmis leur nom à la postérité.

GAULE

Galata, Galatée, Galathée ou Celtine, fille de Celtès et femme d'Ogmius Ier;
Celtine, fille de Britannus, autre femme du même Ogmius;
Et Rhême, fille de Rhémus et femme de Francus Ier.

FRANCE

Embergide et Argothe, femmes de Pharamond;
Asturia, fille du patrice romain Asturius, femme de Mérovée;
Basine de Thuringe, femme de Childéric Ier;
Evohilde et Sainte-Clotilde ou Clotechilde de Bourgogne, femmes de Clovis Ier;
Ultrogothe, femme de Childebert Ier;
Ingonde, Arégonde, Chénisève, Ingiltrude, Sainte Radegonde, femmes de Clotaire Ier (il en eut six);
Deutérie, romaine, femme de Théodebert Ier;
Marcatrude, Austréchilde et Vénérande, femmes de Saint Gontran;
Audowère, Galswinthe et Frédégonde, femmes de Chilpéric Ier.
Brunchilde (Brunehaut), femme de Sigebert Ier;
Marcovèfe, après sa sœur, femmes de Caribert Ier;
Bertrude ou Geltrude de Saxe, femme de Clotaire II;
Nantilde ou Nantechilde, femme de Dagobert Ier;
Sainte Bathilde ou Baudour de Saxe, femme de Clovis II;
Blichilde ou Blitilde, femme de Childéric II;
Clotilde de Saxe, femme de Dagobert II;
Gisalde ou Gisèle, femme de Childéric III;
Sainte Plectrude ou Rictrude et Alpaïde, femmes de Pépin d'Héristal;
Sonnichilde, femme de Charles Martel;

Aude et Berthe ou Bertrade au grand pied, femmes de Pépin-le-Bref;

Hermentrude, Hermengarde de Lombardie (ou Théodora, Désirée, Désiderade), Hildegarde, Fastrade de Franconie, Luitgarde et Régine, femmes de Charlemagne;

Gerberge ou Berthe, femme de Carloman Ier;

Hermengarde de Saxe (Arménias, Emergarte), Judith de Bavière, femmes de Louis-le-Débonnaire;

Hermentrude et Richilde, femmes de Charles-le-Chauve;

Asgarde ou Ausgarde et Adélaïde, femmes de Louis-le-Bègue;

Chistierne, femme de Louis III;

Sainte Richarde, femme de Charles-le-Gros;

Ogive, Odgive ou Oghine d'Angleterre, femme de Charles-le-Simple (il en eut quatre);

Berthe, femme de Raoul;

Gerberge de Germanie, femme de Louis IV;

Emma ou Arvine, femme de Lothaire;

Blanche d'Aquitaine ou de Germanie, femme de Louis V;

Adèle et Adélaïde, femmes de Hugues-Capet;

Berthe-Agnès de Bourgogne ou au pied d'oie (pédauque), et Constance d'Arles, femmes de Robert II;

Anne de Russie, femme de Henri Ier;

Berthe de Hollande et Bertrade de Montfort, femmes de Philippe Ier;

Berthe, Adèle et Adélaïde ou Alix de Savoie, femmes de Louis VI;

Eléonore d'Aquitaine, Constance de Castille et Alix de Champagne, femmes de Louis VII;

Isabelle de Hainaut, Alix de Hongrie, Ingeburge de Danemark et Agnès-Marie de Méranie, femmes de Philippe-Auguste;

Blanche de Castille, femme de Louis VIII;

Marguerite de Provence, femme de Saint-Louis;

Isabelle d'Aragon et Marie de Brabant, femmes de Philippe III;

Jeanne de Navarre, femme de Philippe-le-Bel;

Marguerite de Bourgogne et Clémence de Hongrie, femmes de Louis X;

Jeanne de Bourgogne, femme de Philippe V;

Blanche-Marie de Bourgogne, Marie de Luxembourg et Jeanne-Marg.-Cath. d'Évreux, femmes de Charles IV;

Blanche d'Évreux et Jeanne de Bourgogne, femmes de Philippe VI;

Bonne de Luxembourg et Jeanne d'Auvergne, femmes de Jean II ;
Jeanne de Bourbon, femme de Charles V ;
Isabeau de Bavière, femme de Charles VI ;
Marie d'Anjou, femme de Charles VII ;
Marguerite d'Écosse et Charlotte de Savoie, femmes de Louis XI ;
Anne de Bretagne, femme de Charles VIII, puis de Louis XII ;
Sainte-Jeanne de Valois, Anne de Bretagne et Marie d'Angleterre, femmes de Louis XII ;
Claude de France et Éléonore d'Autriche, femmes de François Ier ;
Catherine de Médicis, femme de Henri II ;
Marie-Stuart, femme de François II ;
Élisabeth d'Autriche, femme de Charles IX ;
Louise de Vaudémont-Lorraine, femme de Henri III ;
Marguerite de Valois et Marie de Médicis, femmes de Henri IV ;
Anne d'Autriche, femme de Louis XIII ;
Marie-Thérèse d'Autriche, femme de Louis XIV ;
Françoise d'Aubigné, dame Scarron, marquise de Maintenon, épouse morganatique du même roi ;
Marie Leckzinska, femme de Louis XV ;
Marie-Antoinette d'Autriche, femme de Louis XVI ;
Joséphine Tascher de la Pagerie, vicomtesse de Beauharnais, et Marie-Louise d'Autriche, femmes de Napoléon Ier ;
Marie-Joséphine de Savoie, femme de Louis XVIII, et sa sœur, seconde fille de Victor-Amédée III, femme de Charles X ;
Marie-Amélie des Deux-Siciles, femme de Louis-Philippe ;
Eugénie-Marie de Guzman de Montijo, comtesse de Téba, femme de Napoléon III.

CHRONOLOGIES DES DIVERS PARTIS.

Légitimistes.

Louis XVI.	1774-1793
Louis XVII	1793-1795
Louis XVIII	1795-1824
Charles X, abdique	1824-1830
Louis XIX (duc d'Angoulême), abdique	1830
Henri V (comte de Chambord)	1830-1883
Philippe VII (comte de Paris). ⎫ Bourbons-Orléans. ⎧	1883-1894
Philippe VIII (duc d'Orléans) ⎭ ⎩	depuis 1894

Orléanistes.

Louis XVI	1774-1793
Louis XVII	1793-1795
Louis XVIII	1795-1824
Charles X, abdique	1824-1830
Louis XIX, abdique	1830
Henri V	1830
Louis-Philippe 1er, abdique	1830-1848
Philippe VII,	1848-1894
Philippe VIII ....depuis	1894

Carlistes.

Louis XVI	1774-1793
Louis XVII	1793-1795
Louis XVIII	1795-1824
Charles X, abdique	1824-1830
Louis XIX, abdique	1830
Henri V	1830-1883
Jean III (duc d'Anjou)	1883-1887
Charles XI (Don Carlos)........depuis	1887

Impérialistes.

1re République................dès	1792-1804
Napoléon 1er, abdique	1804-1815
Napoléon II	1815-1832
Napoléon III (son père, Louis Bonaparte, qui avait été roi de Hollande, ayant abdiqué en 1810).	1832-1873
Napoléon IV (prince impérial)	1873-1879
Napoléon V (prince Jérôme)	1879-1891
Napoléon VI (prince Victor) séparé de son père, dès 1884) ....depuis	

TABLE

	Pages.
Préface	1
Origines et aperçu historique de la Maison de Bourbon	1
Armoiries; le drapeau blanc; les lys; ordres de chevalerie	5
Tableaux généalogiques: Capétiens, Bourbons, Courtenays, Navarre	10
État actuel de la Maison de Bourbon	20
Les prétendants	21
Les princes d'Orléans	23
Leur généalogie	24
L'ordre de succession	25
Généalogie des Bourbons d'Orléans	29
— — d'Espagne	53
— — de Naples	70
— — de Parme	79
Histoire des dauphins	84
Liste des dauphins	94
Anecdotes	96
Les imposteurs	99
Les Bourbons à l'étranger	103
Les Bourbons et l'Église	107
Chronologie expliquée des rois de France	111
Liste des reines de France	124
Chronologies des divers partis	127

Imprimerie PAUL DUPONT, 4 rue du Bouloi (Cl.) 84.2.98.

Paris. — Imp. PAUL DUPONT, 4, rue du Bouloi (Cl.) 84 bis.2.98.

www.ingramcontent.com/pod-product-compliance
Lightning Source LLC
Chambersburg PA
CBHW060159100426
42744CB00007B/1094